COLECCION VENTANA ABIERTA

GALDOS Y EL EPISODIO NACIONAL
MONTES DE OCA

ENRIQUE TIERNO GALVAN

GALDOS
Y EL EPISODIO
NACIONAL
MONTES DE OCA

EDITORIAL TECNOS
MADRID

De esta obra se ha hecho una tirada venal de 2.000
ejemplares, y otra especial de 200, impresos en papel
Offset Coral, cubierta en cartulina hilo, numerados
por el autor.

© by ENRIQUE TIERNO GALVÁN, 1979

EDITORIAL TECNOS, S. A.
O'Donnell, 27. Madrid-9

ISBN: 84-309-0824-2

Depósito legal: M. 38.105-1979

Printed in Spain. Impreso en España por Imprenta Fareso.
Paseo de la Dirección, 5. Madrid-29

El ensayo que sigue, pues ensayo es y no otra cosa, fue escrito con la intención de tener elementos de hecho bastantes para poder opinar con fundamento sobre la diferencia entre literatura e historia, cuando ambas tienden a indiferenciarse o confundirse.

La dificultad y la reflexión sobre la dificultad son muy antiguas. Hay obras en que la frontera entre literatura e historia tiende a desvanecerse, mezclándose subjetividad y objetividad, análisis intencional y análisis poético, imaginación y documentación con tanta perfección, que el observador se pregunta si la distinción tiene alcance y fuerza bastantes para mantenerse y justificarse.

Algunos Episodios Nacionales *de Galdós, especialmente* Montes de Oca, *son un buenísimo campo para el análisis. Repito que mi intención no era otra sino establecer fundamentos de hecho para llegar a alguna conclusión fundamentada respecto del período cultural y social en cuyo ámbito escribía Galdós.*

Según me fui adentrando en el análisis el Episodio *me ganó lentamente, de modo que sin perderse la primera intención no me atuve a ella con tanto rigor como yo mismo me había propuesto. El ensayo, como el lector verá, no contradice el inicial criterio, pero se extiende en comentarios y comparaciones que quizá excedan la finalidad concreta con que acumulé notas y lecturas. En cualquier caso no creo haber perdido el tiempo ni que el lector lo pierda si lo lee.*

Advertiré, para concluir, que debo especialísima gratitud a doña Consuelo Gamero de Duarte, por su ayuda leyendo los periódicos gaditanos para buscar noticias de don Manuel Montes de Oca, a doña Concepción Cruz, por su investiga-

*ción en los archivos de Vitoria y a doña Maite Gallego de
Soto, por la búsqueda de noticias en la Hemeroteca Muni-
cipal de Madrid y por el esmero con que ha leído el manuscrito.*

E. T.

Madrid, octubre de 1979.

I

Don Ildefonso Antonio Bermejo ha sido, y aunque con menos asiduidad aún lo es, uno de los autores a cuyas obras más se ha recurrido para ilustrar la historia contemporánea de España. Sin embargo, apenas nadie, salvo en las notas necrológicas o en observaciones ocasionales, se ha ocupado de estudiar *La Estafeta de Palacio,* ni las demás obras del autor, que no son pocas, aunque desiguales en mérito.

La obra de Bermejo a la que me voy a referir, la que acabo de mencionar, tiene una estructura sumamente curiosa. Son Cartas dirigidas al Rey D. Amadeo las que componen el primero y segundo tomos, y al Príncipe Don Alfonso, que con el tiempo había de ser D. Alfonso XII, las que integran el tercero. Este último está editado en 1872, es decir, tres años antes, sobre poco más o menos, del pronunciamiento de Sagunto, lo que da idea del acierto con que corrigió el autor el primer yerro de dar consejos aleccionadores a un Rey que había de durar tan escaso tiempo. En el tomo tercero se dirige a un Príncipe que poco después había de ocupar el trono, restableciendo por bastantes años su dinastía en él.

Las cartas lo son más por la intención y por los preámbulos que por su ajustamiento al criterio que prevalece en el género epistolar. A la tercera o cuarta página el lector se ha olvidado de que está leyendo una carta y del propio personaje a quien se dirige. Sin embargo, nunca se pierde el criterio admonitorio o de consejo. Momentos hay en los que el lector cree tener entre las manos uno de los muchos *Consejos y Consejeros de Príncipe* que tanto abundaron en el Siglo de Oro. Debió ser don Ildefonso Antonio gran lector del *Libro áureo del Emperador Marco Aurelio,* de Fray Antonio de Guevara, pues imita el estilo, propende a citar parecidas autoridades y al igual que su modelo, cuando le parece bien inventa, aunque diciéndolo y únicamente en los casos en que se mete a suponer cuáles eran los pensamientos de algún personaje, salvo ocasiones muy raras en que dice que se lo contó un testigo presencial siendo patente que no podía ser así. No llegó nunca a la novela histórica ni a las famosas mentiras que su precursor introdujo en las *Epístolas familiares,* que son el arquetipo que tuvo presente Bermejo para escribir las suyas además del *Marco Aurelio.*

No quiero caer también en la manía de inventar por mi cuenta refiriéndome a los ligerísimos deslices de don Ildefonso Antonio Bermejo, pero tengo para mí, como diría cualquiera de los personajes conspicuos de Galdós, que había leído el libro del jesuita Paláu, tan reeditado durante el último tercio del siglo XVII y casi todo el XVIII, *Máximas morales y políticas.* Algunas de las frases de Bermejo proceden de este libro.

Con tan singularísimo estilo se metió don Ildefonso Antonio Bermejo a historiar nuestro siglo XIX. Tenía buenísima información, no había periódico ni folleto que no leyera, amigos de importancia que le hacían confidencias, una memoria feliz y además ser testigo presencial, espectador o al menos español coetáneo de los sucesos que cuenta. Si a esto se añade que era fundamentalmente veraz y bien intencionado, queda claro que sus libros, principalmente *La Estafeta de Palacio* y *La Historia de la interioridad y Guerra Civil en España,* se constituyeron en fuentes históricas de primera mano aún utilizadas hoy con provecho.

Que Galdós leyó a Bermejo está fuera de duda. Este hecho plantea otro extremo interesante, la relación entre un novelista histórico y una de sus fuentes de información más importante que está escrita con criterio histórico y didáctico y ambición, si no consciente intención, literaria.

Yo entiendo que Galdós no tuviera ningún problema leyendo a Pirala, otra de sus fuentes, pero hubo de tener y no pocos con la lectura de *La Estafeta.* Pirala es un historiador. Bermejo es un didáctico que cuenta la historia para fortalecer algunas conclusiones y sacar otras nuevas. Don

Benito, leyendo a don Ildefonso Antonio Bermejo, sonreiría muchas veces, y la seriedad entonada y a veces pedante de éste le movería a las súbitas ironías con que interrumpe el patetismo o el efecto dramático cuando le parecen exagerados. Sin embargo, muchas otras veces coincidiría con el historiador didáctico, pues el propio Galdós propendía y con suma frecuencia practicaba el didactismo.

Las peculiares relaciones entre Galdós y Bermejo se aprecian bien en el relato que ambos hacen de la prisión y muerte de don Manuel Montes de Oca. De los *Episodios Nacionales* que se centran alrededor de un personaje, uno de los más sutiles psicológicamente, a la vez que de los mejor configurados, de los de más coherencia en el proceso y de mayor hondura dramática, es el que se refiere al ilustre marino. Desde luego que don Manuel Montes de Oca fuera o no fuera exactamente como Galdós le presenta es cuestión que discutiremos más adelante. Para la buena inteligencia de los *Episodios Nacionales* conviene no olvidar que Galdós no transcribe a España, al pueblo común y a las personas sobresalientes. En el mundo imaginario de Galdós los españoles que le leen se instalan y sienten a gusto en él por el poder mágico del lenguaje y lo que el lenguaje arrastra de inconsciente colectivo, no porque se vean retratados en los personajes que pueblan los *Episodios Nacionales*. No obstante, la interpretación, a través de la novela, de la historia contemporánea de España, la hizo Galdós ateniéndose con sorprendente veracidad a los acontecimientos históricos en cuanto tales.

Pues bien, la vida y sobre todo la muerte de Montes de Oca atrajeron a don Benito, que ensayó la interpretación del joven y valeroso conspirador fracasado, con especial respeto y proximidad psicológica, convencido de que había encontrado en la historia real uno de los personajes más propios de su historia fingida. Algo semejante debió ocurrirle a Lope de Vega cuando oyó la extraordinaria historia del capitán Alonso de Contreras. Lope, escéptico, creyente a su modo, sensual, desordenado, manirroto; en resumen, el Lope que se saca de las cartas al duque de Sessa, se había inventado una España cuya historia desplegó en el conjunto de las comedias históricas, especie de *Episodios Nacionales* de su tiempo. Este Lope descubrió en el capitán Contreras uno de los españoles que él había imaginado. El encuentro de Lope con su personaje es equivalente, en general, al encuentro de Galdós con el suyo.

Con D. Ildefonso Antonio Bermejo no ocurre así. Se preciaba de conocer el corazón humano, como él decía, y adoctrinaba desde lejos, haciendo de guía y maestro para los menos doctos o perspicaces. Y quede claro que cuando Bermejo sale de las sentencias de cuño clásico, acierta en la forma y en el fondo. Tiene frases que no hubiera desdeñado Tocqueville.

Tenía don Benito ante sí, si como sospecho se regía por la obra de Bermejo para la parte más dramática de su novela *Montes de Oca,* tres personajes cuya muerte tiene rasgos comunes de valentía y serenidad. La de don Diego de León, la del teniente don Manuel Boria y la del propio don Manuel Montes de Oca. Podía haber elegido a uno de los primeros, haciendo girar levemente la trama de la novela, sin que padecieran nada el comportamiento, las cuitas y desvaríos del teniente coronel don Santiago Ibero. Sin embargo, Galdós eligió Montes de Oca y lo hizo, a mi juicio, por razones estéticas que procedían del feliz encuentro de su mundo imaginario con un personaje real. De Diego de León dice poco en *Los Ayacuchos.* Narra su muerte, pero sin la hondura patética que apenas puede contener cuando de Montes de Oca se trata. Del teniente Boria se olvida, siendo quizá el personaje más novelesco de los tres. El hecho de la elección plantea un problema difícil respecto del acto libre de la creación literaria. Don Benito admiraba a Montes de Oca, o al menos las posibilidades que éste ofrecía para el fortalecimiento de la España imaginada que iba construyendo a través de los *Episodios Nacionales.* Pocas veces en el transcurso de su obra ha estado don Benito tan próximo a uno de sus personajes. No se trata tan sólo de elegir un modelo que oponer al «materialismo» que según don Benito comenzaba a adueñarse de los españoles por estos años. Hay algo más. Todo el Episodio está escrito con el tono discursivo, en exceso racional, que Galdós utiliza para presentar y describir a sus personajes y éstos para entenderse entre sí, salvo las páginas finales, cuando el centro y motor exclusivo de la acción es Montes de Oca. El *Episodio* transcurre como uno más, y no de los mejores, hasta que Montes de Oca y sus acompañantes inician la marcha de Olite a Pamplona. Ahora, previendo el patético final del fusilamiento, la novela se transforma. Crece en ideas y en profundidad, mejora en estilo hasta alcanzar las cimas de la mejor prosa de Galdós, como en la descripción de la tormenta que sorprendió a los dos viajeros.

«A media tarde comenzó a cubrirse el cielo de nubes pardas que avanzaron del oeste, y con ellas de la misma parte venía un mugido sordo, intercadente, como si por minutos se desgajaran los montes lejanos y rodando cayeran sobre la llanura. No era floja la tempestad que se echaba encima. Para zafarse de ella espolearon los viajeros al infeliz caballejo que tiraba del coche, mas no obtuvieron la velocidad que deseaban. Descargó la primera nube antes de llegar a Oteiza. El iracundo viento quería revolver los cielos sobre la tierra y durante un rato el polvo y la lluvia se enzarzaron en terrible combate, como furiosos perros que ruedan mordiéndose. Los giros del polvo querían enganchar a la nube, y ésta flagelaba al suelo con un azote de agua en toda la extensión que abrazaba la vista. El polvo sucumbía hecho fango y se retemblaba el suelo al golpe del inmensísimo caer de gotas primero, de granizo después. Los campos trocáronse en un instante en lagunas; retemblaba el caserío de las aldeas como si quisiera deshacerse y los relámpagos envolvían instantáneamente en lívida claridad la catarata gigantesca. Grandiosa música de esta batalla era el continuo retemblar de los truenos, que clamaban repitiendo por todo el cielo sus propias voces o conminaciones terroríficas y cada palabra que soltaba era llevada por los vientos del llano al monte y del monte al llano. Como al propio tiempo caía el sol en el horizonte y la luz se recogía tras él temerosa, iban quedando oscuros cielo y tierra, y la tempestad se volvía negra, más imponente, más espantable.»

Es una larga descripción en que parece que Galdós haya querido demostrar a su buen amigo Pereda que era capaz de hacer no tan bien como él, sino mejor que él esta clase de relatos. Por otra parte, por intuición o por lo que pudiéramos llamar instinto del desenlace, Galdós prepara al lector para el nuevo tono y ritmo que va a adquirir el *Episodio*. En efecto, pocas páginas antes nos avisa de «que don Manuel Montes de Oca, el más ardiente paladín de la regencia de Cristina, el que la proclamó, condensando en una idea política el sentimiento poético y la caballeresca devoción de su alma soñadora, noble en su delirio, grande en su loco intento, al propio tiempo insensato y sublime, gigantesco y pueril, aparece en Vitoria al frente de un artificio de Gobierno, con poderes reales o figurados del soberano ausente».

La tormenta, que precede en muy poco tiempo al asesinato de Montes de Oca, parece la culminación de un proceso objetivo que acabaría en la subjetividad del martirio y muerte del sublevado. Después de la tormenta queda sólo y únicamente Montes de Oca.

A odn Ildefonso Antonio le sucedió algo parecido, aunque ni tan claro ni profundo, a lo que le sucedió a Galdós. Desde luego que la acción tenaz y casi enloquecida de Montes de Oca, la conjura contra su vida y la muerte bella al modo clásico, sin jactancias ni excesos sentimentales, tenía que ejercer una atracción especial sobre Bermejo, tan dado a los juicios sentenciosos construidos sobre el supuesto de la inmutabilidad de las pasiones humanas. Pero también en este caso hay algo más que procede de la cristiana muerte de Montes de Oca. Bermejo detectó al cristiano ejemplar, con vetas de ignaciano, y aun esforzándose en no ceder, cedió. La simple serenidad o impasividad psíquica no hubiera bastado en este caso para inclinarle en favor del marino conspirador y poeta.

Veamos cómo trata los hechos nuestro didacta historiador don Ildefonso Antonio, y lo que después hizo, teniendo en cuenta este relato, don Benito Pérez Galdós. Tomemos el relato cuando Montes de Oca deja Vitoria, imposible de sostener, e inicia la marcha para intentar salir de España. «Triste caminaba y pensativo con dirección a Vergara el desventurado Montes de Oca, sin ver otro porvenir que la muerte o la proscripción. Se habían disipado sus ilusiones; veía perdida la causa que había querido levantar en hombros de la insurrección, lo cual le entristecía más que pensar en que su cabeza tenía un precio y que la perfidia y la traición debían codiciarla. A medida que andaban iba gradualmente disminuyendo el número de los fugitivos; hijos del suelo que pisaban, conocedores de sus vueltas y guaridas, y con amigos y parientes que los ocultasen, tenía que ser su muerte necesariamente menos amarga que la del jefe de aquella sublevación. Quedaron reducidos a tres los hombres importantes que le acompañaban: el marqués de la Alameda, Ciorraga y Egaña. En llegando a Mondragón determinó Montes de Oca que se despidiese a los miñones que los escoltaban, a fin de no comprometerlos; pero esta gente armada, desdeñando la proposición del caudillo, solicitaron con instancias seguirlos y hubo necesidad de ceder a la protección. Llegó esta triste comitiva a la posada de San Antonio, situada en un campo abierto a las inmediaciones de Vergara en donde quisieron descansar, y Montes de Oca en quien los dolores del alma pasados y presentes afanes aumentaban el cansancio del cuerpo, hubo de recogerse a la cama, cometiendo la imprudencia de desnudarse, porque no imaginaba que la traición más inicua se había de encargar de velar su sueño. El hombre en la dicha no se conoce; por eso tal vez en la desdicha ninguno le conoce; cosa difamada es la calamidad, y no hay hombre a quien muchos no se la deseen, sin ser menos los que viéndole en ella no se la crezcan, porque sean muy raros los benignos al caído. Seguían guardando a Montes de Oca algunos miñones alaveses, gente con poca subordinación militar y feroces hábitos y pasiones. Eran tan sólo ocho los hombres de esta clase que le custodiaban, y tornó a cometerse el desatino de despedir a esta reducida escolta, diciéndole que mirase cada cuál por sí, y que era ya inútil seguir exponiéndose por sustentar una causa perdida. Retiráronse aquellos hombres a tomar un refrigerio y conferenciar entre sí, y comenzaron a hablar de su mala situación y cediendo a preocupaciones reinantes entre sus paisanos, achacaban sus desventuras a los que desde Castilla habían venido a soliviantarles hasta hacerles tomar las armas. ¡Cuánta noche habitan nuestros deseos, cuánta sangre y sudor nuestro borra las sendas por donde camina nuestra imaginación! ¡Qué pocos saben contar entre las dádivas de Dios la brevedad de la vida! Alargóse en Montes de Oca para tener tiempo de rodear de calamidades su postrera hora. Perdió en las provincias vascongadas su causa y a los moderados la esperanza, y encomendó su salud en la huida; su derrota animó a Espartero y a los homicidas. En poder de los ruines no duran más los buenos que el tiempo necesario, que puede ser su fin lisonja de otros peores.

»Sentados en derredor de una mesa los miñones y un tanto discursivos, meditaban con el calor que el vino les daba sobre su mala suerte; aun cuando culpaban del daño a todos los castellanos, parecíales entonces que el más malo de todos ellos era Montes de Oca, como que había representado el papel principal en el malogrado alzamiento. Hame referido un testigo que separado los escuchaba, que estas gentes en su dialecto provincial proferían palabras destempladas contra la conspiración; pero entre ellos había un miñón que enjuto de cuerpo y tez amarillenta y de cara torva oía a sus camaradas sin beber ni hablar. Los hombres flacos y descoloridos se alimentan con su propio entendimiento y por eso está su tez mal asistida de su sangre, porque tienen descoloridos el rostro y colorado el corazón. Si piensa tan profunda y continuamente que se con sume a sí mismo, ¿qué hará al que aborreciese?

»Pensar y callar son alimentos de las grandes venganzas. No halló este hombre llamado Escabriza, con el estudio de su maldad y todo el desvelo de su traición otra manera de hacer a Montes de Oca aborrecible, sino ampliar contra él la rabia de sus camaradas; así fue que aunados le maldijeron y denostaron, con lo cual crecía el siniestro contentamiento de Escabriza, que vio el terreno dócil para que floreciese su inicuo propósito, y habló de esta sustancia:

¿Y es cordura, señores, que el hombre que tantos males acaba de acarrear a la patria y a nosotros, y que tan ingratamente nos despide, sin recompensar nuestra lealtad y nuestros sufrimientos, le dejemos salir de estas montañas salvo de peligro? ¿Sabéis el precio que tiene su cabeza? ¿Recordáis que quien entregue a este hombre vivo o muerto recibe premio? ¿No comprendéis que la paga es lícita, y en el que la cobra no recae infamia? ¿Cómo entonces la ofrecerían los hombres que valen más que nosotros, si no viesen en este proceder cosa puesta en razón? De este modo razonaba Escabriza, en tanto que sus amigos le miraban absortos y dando a sus semblantes la caricia del asentimiento. Así pensaban los que días antes habían vitoreado como a su caudillo al hombre que hoy se atrevían a sacrificar. Es que hay quien pone la corona en la cabeza para quitar después la cabeza de la corona.»

Oigamos ahora el relato que hace Galdós:

«La salida fue tristísima, nocturna, sigilosa. Antes de que amaneciera, en la rápida marcha por el Puerto de Arlabán hacia Vergara, desertaron las compañías de Borbón y se fueron a Miranda para presentarse al general de Espartero. Celebraban consejo los fugitivos para determinar el camino que debían seguir. No pocos oficiales comprometidos señalaron como la mejor dirección de escape la de la costa cantábrica. Sabían de un barco preparado en Lequeitio para recoger a los que quisieran fiar su salvación al mar. Montes de Oca, aunque marino, prefirió seguir por tierra la derrota de la frontera; despidiéronse allí no pocos amigos y compañeros de locura, entre ellos el comandante Gallo y otros que, andando el tiempo fueron generales, y se encaminaron hacia la costa. Montes de Oca, acompañado tan sólo de Piquero, de los señores alaveses marqués de Alameda, Ciorroga y Egaña, y de ocho miñones, siguió adelante. En Mondragón despidieron a los miñones, pues para nada necesitaban la fuerza militar y cuanto menor fuese el número de fugitivos más fácilmente podían deslizarse por montes y cañadas hasta ganar el boquete de Urdax. Pero los miñones no quisieron separarse de los desdichados restos del Gobierno cristino, cuya suerte debían correr todos los que en tan necia desventura se habían metido. En Vergara se alojó la caravana en las casas exteriores de la villa, no lejos del histórico lugar donde se habían abrazado Espartero y Maroto, cada cual se arregló como pudo en humildes aposentos o mechinales y a media noche el sueño dio algún descanso al asendereado cabecilla de la insurrección y a los que aún le seguían más comprometidos ya por la amistad que por la política.

»Medianoche sería cuando turbaba el silencio de aquella parada lúgubre el cuchicheo de los ocho miñones alojados en una cuadra, donde moraban también una mula y una pareja de vacas. Los pobres chicos desvalidos por la inquietud se condolían de su perra suerte. ¿Quién demonios les había metido en aquel fregado ni qué iban ellos ganando con que la Cristina le birlara la regencia a Espartero? En verdad que habían sido unos grandes idiotas apartándose de la ley que ligaba sus vidas y su honor militar al Gobierno establecido. ¿Quién les metía en el ajo de quitar y poner regentes? ¿Quién los hizo instrumento de la ambición de unos cuantos caballeros de Madrid y de media docena de militares que querían empleos y cintajos?... ¡Y que no era flojo el riesgo que corrían los pobrecitos miñones! Desde Vergara a la frontera, ¿quién les aseguraba que no toparían con un destacamento de tropas leales? En un abrir y cerrar de ojos serían despachados para el otro mundo, y aun podría suceder que los señores que les habían arrastrado al delito alcanzasen misericordia; para los hijos del pueblo no había más que rigor y cuatro tiros.

»Aun suponiendo que pudiesen escapar, ¿qué vida les esperaba en Francia? ¿Por ventura se encargaría de mantenerles la *reina esa* por quien se habían jugado la vida? ¡Ay!, ¡ay!, el pobre siempre pagaba el pato de estas tremolinas; para el pobre en la derrota o en el triunfo no había más que desprecio y mal pago... ¡qué mundo éste, valía más ser animal que español!

»Estas ideas rumiaban, esto se decían y en verdad que no habría sido vituperable su razonamiento, si de él no saliese como de la fermentación el gusano maligno de un ruin propósito. A dos de ellos se les ocurrió en el curso de la conversación, pero no se atrevieron a manifestarlo. Un tercero, que era sin duda el más arrojado, se lanzó a exponer la terrible idea y la primera impresión que en los demás produjo fue de miedo, un miedo más vivo que la propia muerte. Eran hijos de familias honradas y desde niños habían visto en sus hogares la norma de todas las virtudes, el temor de la infamia, el aborrecimiento de la traición. Callaron un rato y la perversa idea hizo nido en el cerebro de cada uno de ellos empollando diversas ideas que corroboraban la idea madre. El mismo iniciador de ésta la explanó hábilmente revistiéndola de aparato lógico, achicó los inconvenientes morales agrandando las ventajas. En primer lugar salvaban sus vidas y esto de mirar por las vidas era cosa buena, pues para que el hombre se defendiese de la muerte le había dado Dios la inteligencia. En segundo lugar...»

Galdós continúa imaginando argumentos que pone en boca del peor de los miñones y concluye diciendo:

«El que pronunció el discursillo que extractado se copia, había empezado a estudiar para cura en Vitoria sirviendo luego de amanuense a un escribano de la Puebla de Arganzón, y en sus diferentes tareas escolares se le había pegado el arte del sofista. Cedieron prontamente algunos de los compañeros; para reducir a los otros fue necesario que el orador emplease lo mejorcito de su arsenal dialéctico y, al fin, convinieron todos en consumar sin demora la execrable acción. La oscura noche les estimulaba..., el silencio les envalentonó para un hecho que exigía, sin duda, más arrojo que el desplegado en los combates. El coloquio vascuence en que desarrollaron su plan y los procedimientos más seguros para ponerlo en ejecución duró apenas un cuarto de hora, y bajaban tanto la voz que apenas se oían, temerosos de que la mula o las vacas, únicos testigos de la terrible conferencia, la entendiesen y renegasen de tal villanía, como honrados animales.»

Como el lector habrá apreciado, los dos relatos son diferentes aunque no sustancialmente distintos.

Son diferentes como lo es el genio de sus autores. A don Ildefonso Antonio no se le hubiera ocurrido nunca introducir el diminutivo familiar e irónico como lo suele hacer Galdós, para romper cualquier exceso dramático. Apenas es concebible una descripción o parlamento largos de un personaje de las novelas de don Benito, en el que no abunde el diminutivo familiar y trivializador. Por su parte, Bermejo no sabría prescindir de la sentencia didáctica, formulada de modo solemne. Pero si se omite esto y se reflexiona sobre el hecho de que en cuanto se refiere a la prisión y muerte de Montes de Oca, Galdós es más historiador que novelista y Bermejo más novelista que historiador, se da en la idea de que don Benito leyó el relato de don Ildefonso Antonio, a mi juicio esto está fuera de duda, e hizo el suyo procurando distanciarse de su fuente tanto cuanto el propio relato y sus circunstancias lo permitían. Es más, la insistencia en que sólo había una mula y unas vacas parece una respuesta irónica a la ingenua pedantería de don Ildefonso Antonio de decir que un testigo presencial le contó lo que los miñones hablaron.

Hay alguna sutil semejanza en la valoración y ambientación de los hechos que lleva al convencimiento de que don Benito escribió sobre la falsilla que había trazado Bermejo, de no encontrar, claro es, una fuente común que sirviera de pauta a ambos. Tal fuente común, propiamente hablando, no la hay, pero sí otras, de las que más adelante hablaremos, que permitieron a Galdós aproximarse tanto cuanto es posible a la verdad y pulir el relato de Bermejo. El lector comprobará, si tiene ánimo para seguir leyendo, que don Benito no dejó de ver folleto o libro que de la prisión y muerte de don Manuel Montes de Oca se ocupase.

Prosigamos ahora con el relato de Bermejo hasta la muerte de Montes de Oca:

«Determinados al delito, se refiere a los miñones, se adelantan presurosos a la posada con las armas en la mano, dando voces de que se acercaba Zurbano a fin de ahuyentar a los tímidos. Fugose Egaña despavorido, creyendo una realidad lo que era una farsa inicua, y huyen otros con igual precipitación y desconcierto, en tanto que los confederados miñones, atropellando en su ferocidad a cuanto encontraban en su camino, pero sin hacer daño a persona alguna, se ocupaban solamente en buscar al que era objeto de su traidora codicia. Llegaron al lecho de la víctima, que, ajeno a tanto ruido, dormía profundamente; y hasta tienen que sacudirle del brazo para que despierte; incorporándose de súbito Montes de Oca y creyendo que el enemigo se avecinaba, pide la ropa y pregunta a sus verdugos si hay gente bastante para poderse defender, hasta que notando que los verdugos enemigos son los que le cercan, prorrumpe en imprecaciones contra ellos, afeando el proceder tan villano. El diputado de Alava, don Iñigo Ortiz de Velasco, marqués de la Alameda, sujeto muy querido y respetado de sus paisanos, que, lo mismo que Montes de Oca, no había despertado a la primera algazara de los traidores, recordó de su sueño cuando se encontraba Montes de Oca en tan singular aprieto. Afea la inicua hazaña de los miñones y los invita con ruegos encarecidos a que desistan de aquél propósito; pero, ellos, mostrándole reverencia en lo demás y respetándole como a paisano, en el punto en que procuraba vencerlos le desatendieron.

»Cautivo Montes de Oca de aquellos forajidos, hasta le intimaban con la muerte si no se vestía pronto; obedeció el prisionero sin replicar, y le sacaron de la posada; y como si le hubiesen llevado por el camino real que iba a Vitoria habrían tropezado con algunos rezagados de los fugitivos y de los que seguían fieles guardianes hasta su última hora, tomando por atajo extraviadas sendas con su preso, le condujeron, no sin que experimentase violentos tratamientos. Notaron los conductores que mientras el prisionero caminada, iba con cierto disimulo sacando algunos papeles manuscritos y despedazándolos en muy menudas partes, lo cual movióles a detener a la víctima, esconderla entre unas ramas y registrarla prolijamente, pero como buscando papeles topasen con algún dinero, con el reloj y una sortija, se apoderaron de estas prendas y de un solo papel que quiso romper en el acto el registrado, pero que no se lo consintieron sus mismos aprehensores. El escrito que le hallaron y que quisieron guardar era una carta sin sobre ni fecha, que decía lo siguiente:

(*Aquí transcribe Bermejo una carta dirigida al parecer a O'Donnell, en la que se queja del abandono de dinero y material en que le tienen.*)

»Fatigado, caminando entre feroces bandoleros, cruzando sendas desconocidas y sufriendo los tormentos de la sed, sin ver delante de sus ojos otra perspectiva que el patíbulo, oyendo los acentos de una lengua vasca que no entendía, y sin otra compañía que la de los verdugos, era la muerte de Montes de Oca la más cruel que experimentó víctima alguna de aquellas discordias políticas. Diez y siete leguas anduvieron durante aquel día, a las nueve de la noche llegaron a la puertas de Vitoria, donde los miñones dieron aviso al general Aleson de lo que conducían. Dos jefes vinieron a recibir a Montes de Oca, que le condujeron a las Casas Capitulares, a donde acudió solícito a visitarle el Capitán General, acompañado del Jefe Político. Este funcionario cuentan que tuvo el extraño valor de observar con insultantes frases delante del prisionero, que aquel sitio no ofrecía bastante seguridad y que podía estar más seguro en la cárcel pública, en donde él había estado arrestado en los primeros momentos de la insurrección alavesa. Miróle fijamente Montes de Oca, y se contentó con responderle: "Condúzcanme ustedes donde quieran seguro de que en ninguna parte donde me tengan he de procurar escaparme; y si el señor Jefe Político pretende llevarme a la cárcel pública por vengar el tratamiento poco decoroso que mis gentes le dieron, considéreme que con creces satisfago la culpa que no estuvo en mi ánimo evitar." Intervino el general Aleson en la plática y desechó con menosprecio la petición de la autoridad civil.

»Dio Aleson parte a Rodil de la prisión de Montes de Oca y este mandó inmediatamente que fuese fusilado y se pagase el precio de la sangre a los que por oro la habían vendido. Convocados los miñones por Aleson a fin de satisfacer la deuda que con ellos había contraído el Estado, quiso probar el natural de aquellos infames, y preguntándoles si persistían en cobrar el premio de su miserable industria, respondieron los miñones afirmativamente por lo que al darles Aleson los diez mil duros contratados, con frases destempladas, pero dignas, los despidió como réprobos, llamándoles además *canalla indigna del país donde habían nacido*. Estéril desahogo, porque los vendedores recogieron su ganancia sin replicar al General, y se la repartieron después. Es cosa para hacer notar decir que ninguno de estos hombres sobrevivió largo tiempo al hecho; que todos han muerto en situación miserable, y dos de ellos sufriendo dolores acerbos por enfermedades agudas y dilatadas, y Escabriza fue el primero que sucumbió arrojando sangre por la boca a consecuencia de la caída que dio desde un caballo, siendo durante su corta vida tachado de manirroto y conocido con el apodo del *Judas de Montes de Oca*.»

Hasta aquí la narración de don Ildefonso Antonio, oigamos a Galdós explicar los mismos acontecimientos:

«El medio y forma de hacer efectivo su pensamiento fue para los miñones sencillísimo. Lo propuso uno de ellos que en su niñez desplegaba felices disposiciones para robar fruta en las huertas y alguna que otra gallina en los corrales. Salieron los ocho a un cercado frontero a las dos casas en que se alojaban los paladines de la reina, y con fuertes voces empezaron a gritar: "Zurbano, Zurbano." El efecto de este toque de diana fue inmediato y decisivo, y a medio vestir, lanzáronse fuera por los primeros huecos que abiertos encontraron; Egaña saltó por una ventana y a Piquero se le vio surgir por un boquete angosto que daba al campo en la parte posterior del edificio. Poner el pie en tierra y apretar a correr en busca de la espesura del monte más cercano fue todo uno. Los otros dos, tomando la salida por la puerta con más tranquilidad, no tardaron en desaparecer. Como en los incendios y naufragios cada cual se afanaba por salvar su propia pelleja, sin cuidarse de la del vecino. Dos miñones pusiéronse en guardia en la escalerilla estrecha que a la estancia ocupada por el jefe conducía, con objeto de apresarle cuando saliese, y, viendo que tarda, presumieron que se había escondido en los desvanes. Los inquilinos de la casa, un hombre, y dos mujeres que, a poco de sonar las primeras voces de alarma abandonaron también sus madrigueras y vieron la veloz huida de los cuatro señores, aseguraban que el quinto de ellos no había salido. Viéronse precisados los traidores de subir en su busca, creyendo que o se había muerto del susto o que por escrúpulo de conciencia quería expiar sus culpas bajo el poder del temido Zurbano.

»A las primeras luces del alba subieron los miñones, el de los discursos y otro que blasonaba de arrojado, al aposento mísero donde reposaba en un pobre camastro el jefe de la insurrección, y le hallaron profundamente dormido. Su tranquilo sueño era la expresión de su ciega confianza en los ocho corazones alaveses a quienes había entregado su vida. Por un instante creyéronle muerto, tales eran el reposo y la palidez de sus nobles facciones. Uno de ellos le llamó "don Manuel, señor Manuel...". No despertaba.

Imposible parecía que con la batahola y vocerío que armaron los guardianes durmiese con sueño de ángel aquel hombre que reunía en su espíritu la fiebre poética y el bélico ardor. Fue preciso sacudirle de un brazo para que despertase. Abrió al fin los ojos, y miró largo rato a los dos chicarrones, sin darse cuenta de lo que ocurría.

»Es hora de salir—dijo. Vamos al momento. ¿Se ha levantado Piquero?

»El más desenvuelto de los dos traidores quiso expresar el verdadero sentido de la situación, y no halló la frase apropiada.

»Es usted preso—dijo el otro, cortando por lo sano—, los demás señores han huido; usted no puede, don Manuel, y ahora se viene con nosotros a Vitoria.

»Empezaba el infeliz hombre a comprender la situación, pero aún no la veía en toda su trágica realidad, ni le entraba fácilmente en la cabeza la idea de que los honrados hijos de Alava le apresaban para venderle por los diez mil duros que ofrecía Rodil. Se incorporó vivamente, miró en torno suyo. No tenía armas, nunca creyó que podía necesitarlas.

»¡Y vosotros —dijo— me prendéis y me lleváis a Vitoria...! Pero no lo haréis movidos del premio que dan por mí. No valgo yo tanto, amigos.

»Señor don Manuel —dijo el valiente, ya repuesto de su turbación—, no nos enredemos en palabras que no vienen al caso. Vístase pronto que tenemos prisa.

»Está bien —replicó Montes de Oca, pasando brevemente de la ira a la resignación, por la virtud de su grande alma—. Me vestiré al instante. Habría sido mejor que no viniéramos acá. Mi deseo ya lo sabéis, era no salir de Vitoria y esperar allá a los vencedores. Entregándome yo, los diez mil duros habrían sido para mí, aunque ¡sabe Dios la cuenta que me harían...! Bueno, hijos, pues tenéis prisa, ahora mismo nos vamos. Dejad que me lave un poco: es costumbre mía que vosotros sin duda no tenéis. Amanece ya; saldremos con la fresca y marcharemos tan rápidamente como queráis.

»Partieron a escape: a los miñones se les hacían siglos las horas que faltaban para cobrar el importe de la res que vendían. Para recorrer la tiradita de Vergara a Vitoria en el menor tiempo posible, echaron por los atajos y desfiladeros más apartados de toda población, temerosos sin duda de que algún destacamento de tropas les quitase la gloria de su hazaña y el precio de su botín. Dieron a don Manuel un caballo, tanta era la prisa que no cuidaron de llevar víveres, ni fácilmente podrían adquirirlos en las soledades por donde caminaban. Tiraron hacia Legazpi y de allí a los altos de Aránzazu, royendo mendrugos de pan el que los tenía. En uno de los breves descansos que hicieron, más por dar alivio a la caballería que al desdichado jinete, manifestaron a éste que hallándose preso y a disposición de las autoridades, maldita falta hacía el dinero que aún conservaba en sus bolsillos para los gastos de la insurrección primero, de la fuga después. Dio Montes de Oca una prueba de buen gusto y de austera dignidad evitando toda discusión sobre el infame despojo, y entrególes sin el honor de una protesta ni de un comentario, la culebrina en que llevaba unas cuantas onzas, que no llegaban a diez, y alguna plata menuda. Y hecho esto arrearon de nuevo.

»Hablaban los miñones entre sí el idioma vascuence, del cual el infeliz preso no entendía palabra, resultándole de esto un tormento mayor; el sentirse más aislado, más lejos de su patria. Entre ésta y el poeta se interponía un suelo desconocido, una gavilla de bandoleros y una jerga que nada decía a su entendimiento ni a su corazón. En el fatigoso paso por veredas y trochas, mortificado del hambre y la sed, sin otro sentimiento inmediato que el desprecio que le inspiraban sus guardianes, sufrió el desdichado caballero indecibles angustias. No había para él más consuelo que aislarse con esfuerzo de su viva imaginación, procurando no ver fuera de sí más que la naturaleza, y dentro, las hermosuras de su grande espíritu, así en el orden moral como en el estético. Las bellezas del paisaje y del cielo, las ideas propias que iba sacando del magín con cariño de avaro, para en ellas recrearse y volver a esconderlas cuidadosamente permitiéndole, si no el completo olvido de su desgracia, alguna distración o alivio pasajero. Mas las exigencias físicas del hambre y la sed le volvían a la realidad de su martirio; otra vez era el hombre rendido, la bestia llevada al matadero por cuatro carniceros infames, y la ininteligible cancamurria vasca, otra vez, le cortaba el cerebro como una sierra.

»La molestísima andadura del jaco, apaleado sin cesar por los miñones, magullaba los huesos del pobre jinete. Había preferido caer al suelo y que en él le fusilaran sin compasión; pero su vida valía diez mil duros y no podía esperar de los mercaderes una muerte gratuita. Estas ideas lleváronle a mayor resignación y a conformidad más profundamente cristiana con su fiero destino. El sentimiento caballeresco y la ilusión del sacrificio pudieron tanto en su alma, que no le fue difícil llegar a la tranquilidad estoica que permite soportar un intenso padecer y aun alegrarse de los martirios. Instantes hubo en que se creyó dichoso de ser tan infeliz y el goce amargo de los sufrimientos refrescaba su alma y la erguía y la vigorizaba para mayores resistencias. Hermoso era el dolor, bellas sus angustias que preceden a la muerte. Contra nadie tenía queja. Y no creía ciertamente que la persona por quien en tal suplicio se veía un hombre de bien fuera indigna de semejante holocausto. Todos los males presentes y otros peores que vinieran los sufría gustoso por la reina, por una divinidad que no habría sido bastante divina si no creara mártires, si ante su triunfal carro no cayeran aplastadas cien y cien víctimas. Bien sabía la reina lo que sus fieles padecían por ella y bien empleado estaba que los caballeros penaran y murieran para que sobre tantos dolores y sacrificios se alzara la gloriosa redención monárquica...»

Después de contar Galdós la llegada a Vitoria en términos parecidos a don Ildefonso Antonio, se separa de él para referir que en el registro que le hicieron las autoridades militares le encontraron dos papeles, uno la carta dirigida a O'Donnell que Bermejo dijera que no había podido romper durante el camino; y el otro, un oficio que el citado historiador no menciona. Es raro que Bermejo, tan meticuloso, dejara escapar este dato. Cabe sospechar la presencia de otra u otras fuentes, que ciertamente hubo y en su momento describiremos.

Por lo demás, diferencias importantes no existen. Galdós amplifica el relato buscando estados de ánimo y reacciones psicológicas que a Bermejo no le interesaban. Don Benito sostiene su tesis inicial sobre Montes de Oca, de caballero iluminado por la lealtad política y personal a Cristina, encarnación del trono y de sus valores y virtudes. Esta idea, que le permite analizar a Montes de Oca como uno de los últimos caballeros románticos, le sirve también para justificar la extraña docilidad de Montes de Oca que se dejó conducir apaciblemente a la muerte próxima e inevitable. Galdós sugiere, como el lector habrá comprobado, que encontró la tranquilidad de ánimo y de mente en la idea de sacrificio y de víctima engrandecida por la fuerza y belleza de sus propios ideales.

A partir de aquí entramos en el trance más patético y grave y digno de toda la obra. La muerte de Montes de Oca. Como he dicho al principio, el peso o gravedad de la situación y su poder de atracción, alejó a Galdós de su tendencia a trivializar contando los sucesos de modo que no prendan en demasía en el ánimo del lector. Don Benito quería que el español conociese y a la vez se alejase de su historia inmediata y procura distanciarle de ella, sobre todo de las muertes y atrocidades de la guerra civil. Pero ante la muerte de Montes de Oca se rinde y las últimas páginas de la novela justifican y encarecen lo que de otra manera no pasaría de una relación de aventuras casi infantil. Hasta el coronel don Santiago Ibero, imagen del pueblo en cuanto comunidad, en quien habían de fundirse la totalidad de virtudes y sufrimientos de la raza, se difumina. Don Manuel Montes de Oca queda solo, tan solo que hasta de su reina parece olvidarse para quedar, con la asistencia de Dios, ante el pelotón de ejecución buscando hasta última hora la participación consciente en el sacrificio.

Cuenta así la muerte don Ildefonso Antonio:

«Tomada la declaración, quedó sólo el prisionero entregado a sus lúgubres pensamientos y deplorando lo amargo de su fortuna vio desde su estancia que algunos hombres hablaban al jefe político y al capitán general, que estaban en la pieza contigua, y pedían permiso para repicar las campanas y disponer coherentes muestras de alborozo por aquel apresamiento, a cuya solicitud se opusieron con indignación ambas autoridades. Esto duplicó la amargura del preso, notando lo que se pedía en un país que él había contemplado como dechado de hospitalidad. *Plutarco* en la *Vida de Foción,* gran filósofo y general invencible, dice, que estando Atenas en la postrera ruina, por las armas de Filipo, Rey de Macedonia, llegó nueva de que Filipo era muerto; y como los viles y abatidos consultasen que por la muerte de tan grande enemigo se hiciesen a los dioses sacrificios públicos, alegrías y juegos, Foción ásperamente lo estorbó, diciendo que era señal de ánimo cobarde y confesión vergonzosa del temor rústico de la república hacer fiestas por la muerte de un enemigo. Según esto, siendo dicha que muera el enemigo, como expresa la alegría, es honesta la disimulación de ella.

»Pero conviene apuntar, que a pesar de esta prohibición mientras el encarcelado gemía su desventura en un angosto calabozo, por fuera abundaban sus acusadores, porque del que padece nadie da causa tan fea que no sea creída.

»Legaliza la malicia cuanto inventa la venganza y cuanto miente el aborrecimiento; la mala intención más quiere suplir los testigos que examinarlos, siendo cosa probada que el mal ajeno siempre es auténtico. Ninguna solemnidad faltará a un falso testimonio en los oídos sedientos de calamidades. El perseguido aun en sí mismo es otro; y el día y la hora infeliz es borrón de amistades.

»Habiendo Montes de Oca echado afuera tan tristes reflexiones, se levantó de la silla y comenzó a dar paseos; conocíase que sus bríos eran mayores que su desgracia; pero cansado de la fatiga del viaje, se recostó sobre el lecho y durmió un gran rato sosegadamente. Era su último sueño, porque a las siete de la mañana vino a despertarle el jefe comisionado para anunciarle que había llegado el triste momento de meterle en capilla para fusilarle a la una. Divulgóse la nueva, con saña acudió el pueblo a considerar las calamidades por donde Montes de Oca se había precipitado. Común aclamación es el oprobio a todos los caídos, pues donde suele desalentarse la venganza y enternecerse el castigo se encarniza la envidia. Lugar tuvo la envidia en algunos a la misericordia para responder por el sentenciado, exagerando sus cualidades, diciendo que fue buen vasallo y ministro desinteresado, y aun cuando oyeron el general Aleson y el jefe político escrupulosamente esta defensa, asidos al precepto de Rodil, no se pudieron acordar de los del evangelio, que pide clemencia a todas horas. Aun cuando todo esto sabía Montes de Oca, no se resfriaba el valor. Pidió sacerdote y se lo trajeron; volvieron a visitarle las dos autoridades mencionadas antes para darle consuelo, y el preso se mostró por éste bien reconocido. Tuvo con estas dignidades conversación detenida, y entre otras muchas palabras que dijo se cree que habló en éstos o parecidos términos: "Quisiera yo decir a ustedes muchos desengaños, pero supuesto que no calla nada el estado de mi vida, perdonen las palabras a la tristeza con que sus postreros alientos se despiden. Bien entenderían ustedes las señas que os hacen desde lejos mi pasada prosperidad y desde cerca mi desconsuelo; será excusado descifrar a ustedes los misterios de unas aclamaciones, pues ellos han alcanzado el ruido. Empecé en Madrid deseando y proseguí pretendiendo, aunque simuladamente y llegué a ser ministro: alcancé con peligro, tropecé y caí con aplauso. Estas ruinas que en las Cortes parece que predican, engañan. Derribé a otros para desembarazarme el despeñadero, que así me lo ha dado a entender la fortuna. No aparten ustedes de la memoria este postrero día de mi vida. No se quejen de los amigos que se desentienden, que a los desdichados, cuando obligan a disculparse a los ingratos, crece la calumnia y el más reconocido juzga que se aventura si calla. Experiencia tengo de que di a muchos posición ilustre, y que ninguno fue reconocido. Sólo siento que no me supe cansar de ser dichoso, ni acabo de ser desdichado." En esta forma se explicaba Montes de Oca algunas horas antes de morir, pareciendo más filósofo que soldado; es verdad que fue aficionado a las letras, a los estudios prosfundos y que manejó esta clase de libros con aprovechamiento singular. Sin miramiento alguno a sus desgracias, ánimos poco inclinados al perdón en cosas políticas, hablas vulgares de adversarios, que se derraman copiosamente y se creen con facilidad, autorizando con flaquezas averiguadas el rumor, han acusado a Montes de Oca de pecados que supo inventar el odio de la opinión contraria; y en escoger entre tantos la parte más débil, mostró el aborrecimiento que sabía escoger y que pretendió más asegurar sus intentos que justificarlos. No es cosa digna de aplauso procurar difamar a su enemigo con delitos positivos, con que se da licencia a sospechar, y a que a tiento el pueblo tropiece en discursos que amanecen verdad anochecida.

»Pero volvamos los ojos al prisionero que tanto reposo y firmeza de espíritu conserva con los desengaños. Se despidieron de él Aleson y el jefe político y quedóse a solas con el confesor... Cuando terminó Montes de Oca su confesión y oyó los razonamientos del buen sacerdote que le asistía, se preparó para la comunión y la recibió piadosamente. Previno todas las cosas que podían dilatar un instante la ejecución de la sentencia; aderezó su empolvada ropa; pidió camisa limpia y se peinó el cabello, niñerías con que demostraba el despejo de su ánimo.

»Terminado que hubo todo este aparejamiento, tornó a visitarle el capitán general al cual pidió le obsequiase con la licencia de dar antes de morir un viva a Isabel II, otro a la Reina Cristina y a las fuerzas de las provincias vascongadas, y que por último ansiaba de todo gusto mandar el fuego de la escolta. Sólo le concedió Aleson lo postrero de su solicitud, pero a ello se opuso el confesor manifestándole que estas voces de mando en tales momentos eran ímpetus de soberbia, de vanidosa valentía; voces que rechazaba la mansedumbre natural del arrepentimiento y que indicaban un suicidio. Arguyó Montes de Oca, queriendo hacer comprender al confesor que no podía haber suicidio donde precedía una sentencia de muerte irremediable; pero después de una breve plática hubo de acomodarse el penitente a las ideas del sacerdote, que no era el caso para desobedecer al que imponía el mandato y le enseñaba el camino por donde se llega al cielo. Hizo después su testamento, tomó algún alimento, y volvió a ocuparse de la salvación de su alma.

»Oyóse el redoble de un tambor, cuyo ruido anunció a Montes de Oca que su hora postrera estaba cercana. Desde el carruaje en que subió, saludó cortésmente a los pocos curiosos que aguardaban en la puerta y encamínase al sitio de la ejecución. Cuando vio en su tránsito tan escaso número de gente y el silencio de la población, tan al revés de lo que había sucedido en Madrid con el fusilamiento de León, dijo: "¡Qué tristeza presenta el camino de la muerte!". No le pasó a Montes de Oca lo que a don Rodrigo Calderón, el cual cuando salió para ponerse en la mula, donde confesó que se sentía muy flaco de cuerpo y alma, oyendo el bullicio de la muchedumbre, exclamó: "¿Esta es la afrenta? Esto es triunfo y gloria." Dando a entender que por tal le tuvo.

»Llevaba Montes de Oca descubierta la cabeza y levantado el brazo para evitar con la mano la última ofensa que hacían a sus ojos los ardientes rayos del sol de octubre. Descendió del carruaje y dio la mano a su confesor para ayudarle a bajar, pareciendo con este ademán que solicitaba ser cortés en presencia de la muerte. Miró al regimiento que formaba el cuadro, conoció por el uniforme y por los jefes que le mandaban que era el que llevaba la denominación de María Cristina y, suspirando, dijo: «Por defender el título que lleva ese regimiento he venido a este trance". Al ponerse enfrente de la escolta que debía ejecutarlo, dijo: "Soldados, no mando el fuego no por falta de ánimo, sino porque la religión me lo prohíbe". Y encarándose con el oficial de la escolta, añadió: "Caballero oficial, cumpla usted su consigna". Poco atinados los soldados de la escolta dispararon de manera que tres de las balas entraron en el vientre de la víctima, por lo que hubo de permanecer firme y con voz entera para exclamar: "¡Qué desgracia!... Es necesario repetir". Y con las manos metidas en el gabán esperó la segunda descarga, con la cual vaciló un instante y cayó enseguida ensangrentado. Acudió a reconocerle el oficial y el moribundo lanzó una mirada triste sobre este jefe, y señalándole con la punta del dedo sus palpitantes sienes, exclamó con voz débil: "Aquí". Disparóle un soldado el fusil en el oído y dejó de existir. Contaba Montes de Oca treinta y seis años.»

Hasta aquí don Ildefonso Antonio Bermejo, quien seducido por la sobria dignidad de la muerte de Montes de Oca soltó la vena didáctica, contrahaciendo con mediana fortuna el estilo de los moralistas del siglo XVII. Sin embargo el poder que tiene el valor sereno ante la muerte, para sobreponerse como argumento de un relato a cualquier digresión, es tan fuerte que el lector le sigue hasta el final. No hay que olvidar, por otra parte, que Bermejo escribió sus cartas para aconsejar y educar. Se erigió a sí mismo en consejero de Príncipes, reverdeciendo un género que hacía casi dos siglos que no se practicaba. Está, pues, cumpliendo con su propósito cuando acumula preceptos y máximas morales. El riesgo que corrió es el común a todos los historiadores didácticos; que la historia deje de ser lo principal y se transforme en secundario, sobre todo en situaciones que por sí mismas se prestan a la reflexión admonitoria. No obstante, el relato de don Ildefonso Antonio se ajusta a los hechos y no era mal modelo para Galdós, que también quería enseñar, aunque sin demasiada gravedad ni el desnivel psicológico de la admonición que coloca automáticamente al aconsejado en situación de inferioridad respecto del aconsejador.

Frente a la admonición, Galdós proponía, me estoy refiriendo a los *Episodios Nacionales,* el consejo que nace del cuento o de la anécdota o de la referencia a hechos notables que por sí mismos aleccionan, sin necesidad de subrayar su importancia, formulando explícitamente la consecuencia mala o buena de los hechos.

Explica don Benito la muerte de Montes de Oca, separándose en algunos pormenores muy relevantes, para perfilar mejor la valentía excepcional de la víctima, del relato que hace Bermejo. Son cuestiones de muy poca monta y que en nada alteran ni el ritmo ni el peculiar patetismo de la situación, en la que se mezclan, desde su entrega a las autoridades militares, la suma cortesía con la máxima determinación, sin salirse de la mayor parquedad en el gesto y las acciones incluso en las culminaciones psicológicas o facticias. Parece que la realidad fue así y ninguno de los dos escritores se atreve a salirse de los límites estéticos que la propia realidad proporcionaba a la imaginación. Pero dentro de esta pauta don Benito no desdeña algunos materiales óptimos para la creación literaria.

Quizá esté aquí la explicación de por qué don Benito extiende, matiza y remodela a su gusto lo que cabía en una frase, aunque sin alejarse nunca de relatos fidedignos, con los que mejora el de Bermejo y en los que se apoya para las extensiones y comentarios. Bermejo nos ha dicho, sirva de ejemplo, que Montes de Oca se aseó e incluso peinó con otras niñerías que realzaban su valor. Galdós pone un largo párrafo en boca de aquél quien nos explica su extremado amor a la limpieza. Otro ejemplo de desacuerdo se puede poner: Bermejo sólo saca a relucir un sacerdote que discute con Montes de Oca si es suicidio o no que éste dé, como Diego de León había hecho, la voz de fuego al pelotón que había de ejecutarlo. Don Benito mete dos clérigos más, pero sin alterar caprichosamente los hechos, sino acogiéndose a las fuentes menores en este punto más ciertas, que dicen que fueron tres los clérigos que discuten con Montes de Oca y con don Santiago Ibero sobre esta cuestión. En la novela de Galdós, el coronel Ibero da, también más de acuerdo con la verdad, con la solución intermedia, en tanto que en el relato histórico didáctico de Bermejo, Montes de Oca se resigna como buen cristiano.

A mi juicio, las extensiones o disminuciones que Galdós pone en el relato, se deben fundamentalmente a las exigencias de la concepción de novela que éste tiene, pero no perjudican a la idea, que me parece incuestionable, que tenía a la vista cuando escribió la suya, la relación de don Ildefonso Antonio Bermejo, ni desmienten nunca los hechos históricos, al contrario, elige siempre la mejor fuente. Al fin y al cabo didáctico era el propósito de Galdós en los *Episodios Nacionales* y, en cierto modo, en toda su obra.

Oigámosle refiriendo el fusilamiento y las horas de capilla que le precedieron.

«La hora se acercaba. Trajeron un breve almuerzo que don Manuel había pedido y de él comió muy poco sin apetito, bebiendo algo de vino y bastante café. Sentado frente a él, Ibero le contemplaba silencioso, sin atreverse a pronunciar palabra; tal era el respeto que aquel inmenso infortunio soportado con tanta grandeza de alma, le infundía. En el rostro del reo se hacía visible desde el amanecer una lenta transfiguración. Parecía de finísima cera, la frente más blanca que todo lo demás de una blancura ideal. A ratos, mientras comía, fijaba don Manuel sus ojos azules en los negros de Ibero. Era el cielo mirando a la tierra.

»... Salió sin sombrero. En el patio que daba a la calle de San Francisco esperaba una carretela. A ella subió el reo, con el capellán a un lado y el coronel enfrente. Muy bien cumplida por el cochero la orden de acelerar el paso, pronto llegaron a la Florida. Poca gente había en las calles a la entrada del paseo. El honrado pueblo de Vitoria hizo al mártir los honores de un respetuoso duelo, alejándose del teatro de su martirio. Las personas que acudieron a verle pasar, le compadecieron silenciosas. Algunas le miraban llorando. Durante el trayecto fúnebre Montes de Oca habló con el capellán, menos con el coronel, el sol hería de frente su rostro, y con su mano bien firme, no afectada ni de ligero temblar, defendía sus ojos de la viva luz.

»La parte de la ciudad que recorrió dejaba en su alma impresión de soledad, de silencio, de olvido. Creyó que muriendo él, moría también Vitoria, la que había sido capital del efímero reino de Cristina. En Cristina pensaba el mártir cuando bajó del coche en el lugar donde formaba el cuadro, y al ver a los soldados del regimiento, regimiento de la augusta princesa, de la diosa, del ídolo, de la Dulcinea más soñada que real, sintió por primera vez el frío de la muerte, y una congoja que hubo de sofocar con titánico esfuerzo para que no se le conociera en el rostro.

»Pusiéronle en el sitio donde debía morir: le abrazaron meramente con efusión el capellán y el coronel. Las cláusulas del credo gemían en los labios temblorosos. Santiago no pudo cumplir su promesa de mandar el fuego: su valor rehecho con la ayuda de Dios, a tanto no llegaba. Dos palabras dijo el oficial, mientras el bravo Montes de Oca, con acento firme y sonora voz, dirigía la breve alocución a los granaderos y daba las vivas a Isabel y a Cristina. El credo seguía lento, premioso...; la bendita oración era como un ser vivo que no quería dejarse rezar. Sonó la descarga y herido en el vientre, el reo permaneció en pie, las manos en los bolsillos del gabán, presentando el pecho a los fusiles. Dio un paso hacia la izquierda, la segunda descarga le hirió en el pecho; se tambaleó cayendo por fin. Pero continuaba vivo: los azules ojos del mártir le miraron y sus dos manos señalaron las sienes. Ojos y manos le decían: "Tirarme aquí y acabemos". Un soldado le remató.»

Es incuestionable que en estas últimas páginas Galdós estaba completamente vencido por su personaje. Pocas veces le ocurría esto, pues como todo gran creador estaba siempre, o casi siempre, por encima de sus criaturas.

Como el lector, paciente, habrá comprobado, la descripción de don Benito y de don Ildefonso Antonio Bermejo son prácticamente iguales. Incluso la presencia de Ibero no altera la similitud, pues algún oficial había de acompañarle y Galdós ha tenido el acierto de suprimir en el último momento cualquier diálogo entre el personaje inventado y el imaginado, para que la imagen de Montes de Oca no perdiera la dignidad en este caso insuperable, de su propia agonía y muerte.

Sin embargo, comparando los dos relatos en cuanto versiones distintas de unos mismos hechos, la destreza e instinto literario de Galdós asombran, particularmente en cuanto a la capilla y muerte del reo se refiere. Levísimos toques dan a la descripción de don Benito la condición de inverosimilitud elaborada, imprescindible para que la realidad sea novela, por muy inverosímil que la realidad sea. No se trata del patetismo, buscado, en las frases que se refieren al credo, sino de algo «incoercible» que se escapa al análisis del estilo.

* * *

La segunda fuente principal de Galdós fue Pirala. Escribió este conocidísimo historiador dos libros de la mayor importancia para la historia de España en el siglo XIX. Uno titulado *Historia contemporánea. Anales desde 1843 hasta la conclusión actual de la Guerra Civil.*

En esta obra no aparece Montes de Oca para nada, pero fue quizá indispensable para don Benito, que supo aprovechar a la perfección el cúmulo de datos que Pirala amontona con método irregular y confuso.

El segundo libro a que me refería lleva por título: *Historia de la Guerra Civil y de los partidos liberal y carlista.* De este libro se hizo una segunda edición que vio la luz en 1870, «refundida y aumentada con la *Historia de la Regencia de Espartero*». También fue obra de consulta de Galdós, como lo fue más tarde de Valle-Inclán y Pío Baroja. Don Benito leyó y reflexionó sobre los datos que acerca de don Manuel Montes de Oca da Pirala en el tomo VI.

La lectura del texto de Pirala no resuelve el problema de una fuente común, que después volveremos a plantear, pero dice algo de interés respecto de la documentación de Galdós sobre la conspiración y muerte de don Manuel Montes de Oca; dice simplemente que don Benito había leído el relato de Pirala.

Una vez más, comparando lo que dice Galdós con lo

que dice Pirala, resalta el método galdosiano de la simplificación. No quería escribir historia, sino hacer novelas, por cuya razón concibe el personaje «novelescamente» y rechaza todo cuanto se oponga a que prevalezca el carácter de sus criaturas, salvo que la exclusión dé en el disparate. Concibió a Montes de Oca como un poeta llena la cabeza de romances caballerescos, que había hecho de doña María Cristina la Dulcinea de nobles y altísimos pensamientos. De otro modo, apenas se concibe que olvidase cuanto Montes de Oca tenía de hombre de Estado, tanto en los aciertos como en los desaciertos.

El propio Pirala, tan leído por don Benito, refiere que nombrado ministro de Marina don Manuel —el 20 de noviembre de 1839— una de las primeras cosas que hizo fue dirigir una carta a Espartero, general entonces del ejército de operaciones y jefe indiscutible del partido progresista. De esta carta, que es notable, hizo caso omiso Galdós.

«La carta de Montes de Oca, dice Pirala, es todo un programa de la política del gobierno y escribe al Duque, porque su primer pensamiento después de haber jurado, era dirigirse a él para manifestarle con franqueza el estado de cosas públicas, por ser un homenaje debido a la antigua amistad que mediaba entre ambos nunca desmentida, "ni en las épocas en que no eran tan numerosos como son ahora los que queman incienso ante el capitán saludando por la victoria", porque veía amenazada la obra que el Duque había levantado a costa de tantas fatigas y se intentaba hostilizar al trono, del que era escudo y defensa. Hace la apología del Duque, le dice que corren riesgo la reina y su madre, y añade: "Si la cuestión que hoy se ventila consistiera sólo en averiguar si habían de mandar los que quieren pocas cosas y lentas, o los que quieren muchas y precipitadas reformas, la cosa no merecería la pena de escribir a usted... la cuestión, hoy, consiste en averiguar los que acatan a la reina y a las leyes constitucionales, o los que no han disimulado nunca su odio a la legalidad y ni a los reyes. Es necesario que no nos hagamos ilusiones: el partido que representaba el Congreso de los diputados, recientemente disuelto, está dividido en dos fracciones: la más pequeña compuesta de hombres de buena fe, que creen posible asegurar el trono dando un ensanche ilimitado a la libertad, como si la libertad ilimitada no degenerase en licencia.

»Estos hombres perderían el trono por ignorancia, y la época de su mando sería transitoria. La segunda fracción es más numerosa y se compone de gentes que aspiran sin rebozo a trastornar el Estado". Que era ésta, decía, la verdadera situación del país, que estaba en la mano del Duque asegurar para siempre la libertad, el orden y el trono, que por eso había aceptado el ministerio y que su sistema consistía «el lanzar al partido revolucionario de las avenidas del poder a toda costa, procurando que quede vencido en las próximas elecciones, organizar los Ayuntamientos, las Diputaciones provinciales y la milicia nacional de manera que estas corporaciones obedezcan y no se sobrepongan a las leyes. Organizar la prensa periódica, de modo que sea un instrumento de civilización y no sea una cátedra de insurrección contra las autoridades y aun contra los reyes; y, finalmente, castigar con dureza a todos los que quieran decidir las contiendas políticas no con razones y por medio de una oposición legal, sino valiéndose de la guerra y del terror. El orden es, a mi ver, para la sociedad, lo que la disciplina para los ejércitos».

Según Pirala, Espartero le respondió con una carta en que reiteraba la buena amistad que profesaba a Montes de Oca, ofreciéndose a él particularmente, pero cuidando mantener las diferencias políticas.

Del Montes de Oca, organizador político de clara inteligencia, ejecutivo que tiene conciencia de las dificultades en la práctica, Galdós no quiere saber nada. Se atiene al principio estético de que el personaje debe crear la persona. El personaje inventado por Galdós se aleja más de los hechos que describe Pirala que de los que cuenta Bermejo. Sin embargo, en ciertos pormenores queda patente que don Benito tenía ante sus ojos el relato del primero. De los papeles que encontraron encima a Montes de Oca cuando le registraron en Vitoria —dos documentos que no destruyó—, de uno, la carta a O'Donnell, da traslado don Antonio Bermejo, pero no del otro, un oficio firmado por Montes de Oca y dirigido al mismo general que decía:

«Gobierno provisional de las Provincias Vascongadas y Navarra. Excmo. Sr.: Este infame pueblo nos ha vendido y su Ayuntamiento ha oficiado a Zurbano diciéndole no haría resistencia y me entregarán. Se hace, pues, indispensable abandonarlo y lo verificaremos esta misma noche. Nos dirigimos a Vergara donde debe V. E. hacerlo y también, pues mañana estará esto ocupado por seis batallones y 300 caballos que tiene Aleson, Dios, etc. Vitoria, 18 de octubre de 1841. Manuel Montes de Oca.»

Galdós copia este oficio que prefirió citar, por razones literarias, mutilándolo al llegar a la frase «esta noche». Lo demás le debió parecer contrario al ánimo numantino del desventurado don Manuel.

No puedo afirmar con absoluta certeza que Galdós tomara este dato de Pirala, pero hasta que no tenga noticia de otra fuente más directa e inmediata al alcance de Galdós creeré que fue la historia de Pirala la que le ofreció el dato. Tanto más fundamento me parece que tiene este juicio cuanto que en otras fuentes que mencionaré después el documento no se transcribe.

Hay más elementos de juicio para mantener la fundadísima creencia que acabo de exponer. Aparte de las notables omisiones, que a su modo resultan confirmatorias, como que resistieron en Vitoria un número pequeño de sublevados, de los que Zurbano cogió doce prisioneros y fusiló a cinco, dato que también Bermejo calla hasta la relación de la muerte de Montes de Oca, que Pirala relata así:

«Hizo algunos encargos para su familia, pidió un chaleco, unos tirantes y un peine claro, abrazó a todos dándoles las gracias por las consideraciones que le habían tenido, se prolongó la hora de la ejecución hasta la una, por imposible antes, y a las doce y cuarenta minutos se despidió el sacerdote que le asistía, por no poder disuadirle del empeño que tenía de dar la voz de ¡fuego!, aunque ya logró desistiera de vitorear a la reina y los fueros. Se convocó a otros dos eclesiásticos letrados, para convencerle de que, en conciencia, no debía permitirle la voz de fuego por ser una especie de suicidio y se convino en que sólo diría: "Granaderos, la religión me prohíbe el mandaros hacerme fuego: caballero oficial, haga usted su deber".

«A la una y por la puerta del Ayuntamiento que da a la calle de San Francisco, subió a una carretela abierta: dio la mano al sacerdote para ayudarle a subir y se la besó, se compuso el gabán y marchó a toda carrera con el mismo sereno valor que había tenido, hablando con el sacerdote y mirando a todos lados. Apeóse resueltamente en el paseo de la Florida, le dispararon cuatro granaderos del regimiento Reina Gobernadora, y no cayó: dio un paso adelante en dirección oblicua sobre la izquierda, se repitió la descarga por otros cuatro granaderos, y caído en tierra aún se agitaba y disparándole un tiro en la sien, quedó cadáver» [1].

Si el lector recuerda el relato que Galdós hace del comportamiento de Montes de Oca en capilla, se habrá percatado que don Benito alude a un primer sacerdote con el que no se puso de acuerdo el reo acerca de si podía o no podía dar la voz de fuego, añadiendo que se llamó a otros dos sacerdotes para ver de dilucidar el asunto. Este es dato que da Pirala.

La cuestión de si fue la obra de Pirala sobre la Guerra Civil, fuente primaria de Galdós, queda resuelta si consideramos el párrafo relativo al discutido folleto difamatorio contra la Reina María Cristina, por razón de su matrimonio con Muñoz.

---

[1] PIRALA: *Historia de la Guerra Civil*, T. VI, págs. 277-278, nota.

Dice así Galdós:

«Debe decirse que si lo del casamiento no era más que un rumor, la naturaleza maligna del caso le daba tanto crédito que ya en 1840, poquísimas personas lo negaban: últimamente la desavenencia ruidosa entre Cristina y su hermana contribuyó a difundir el secreto, pues doña Carlota, refugiada en París, no halló mejor modo de distraer los ocios de su prescripción que refiriendo, con pormenores de verdad, todo el idilio palatino y morganático.

»Se cuenta que Su Alteza patrocinó un libelo que sobre la regia historia escribieron plumas venales en la capital de Francia, el cual no pudo ver la luz pública porque nuestro embajador Marqués de Miraflores, se cuidó de recoger toda la edición y destruirla, no sin que escaparan algunos, muy poquitos ejemplares.» [2]

El librero Vindel, semioculto tras el seudónimo Cid Noe [3], cuenta que al publicarse el Episodio *Montes de Oca,* algunos curiosos preguntaron por el libelo de que quedaban tan poquitos ejemplares, y que en *El Liberal* del día 10 de mayo de 1900, aparecieron dos respuestas, coincidentes ambas en informar que Galdós había tomado la especie de la obra de Pirala *Historia de la Guerra Civil y de los partidos liberal y carlista.*

Es testimonio muy claro de la atención que había puesto Galdós en leer la obra de Pirala, que no es dechado de amenidad.

El lector que recuerde la narración que he transcrito anteriormente que hace Galdós de la muerte de Montes de Oca, se percatará de que don Benito acepta y quita partes de esta culminación del relato en el fusilamiento. Omite, por ejemplo, que fue Montes de Oca quien empezó el credo, omite el pormenor de que disparasen cuatro granaderos a la vez, recoge sin embargo el pormenor, de gran valor dramático e incluso visual, de que dio *un paso adelante* antes

---

[2] *Montes de Oca,* ed. Madrid, 1900.
[3] *Historia de una librería.* Madrid, 1865-1921, pág. 133 y sgs. Debo esta noticia al ilustrado librero de esta Corte, don Luis Bardón.

de la segunda descarga. En este caso suprime la frase «hacia la izquierda», que distrae la atención del lector enfocándola en una precisión superflua.

A mi juicio, Galdós tuvo presentes los dos relatos, el de Bermejo y el de Pirala, y compuso una descripción de acuerdo con el personaje que había imaginado. Don Benito no ignoraba, era amigo personal de Pirala, que éste había dispuesto de los archivos del Ministerio de la Gobernación y que conocía muy bien las provincias vascongadas sobre las que había escrito un libro que aún se lee con gusto y provecho. Sin embargo, se inclinó más por el texto de Bermejo, porque la vena didáctico moral de don Ildefonso desaguaba con frecuencia en una visión dramática de los hechos que se avenía bien con algunos momentos de los Episodios, aparte de la común tendencia al didactismo que hemos comentado con anterioridad.

Advertiremos por último, para remachar cuanto el examen comparativo nos ha permitido inducir, que por fortuna podemos documentar acerca de cuando tuvo noticia Galdós de sus fuentes principales respecto de Montes de Oca. En una carta de Mesonero Romanos de 19 de octubre de 1879, dice a Galdós que busque algunos datos que éste le pedía, en la *H.ª de la Guerra Civil,* de Pirala y en la *Estafeta de Palacio,* de Bermejo [4]. Galdós pedía ayuda para documentar el episodio *Un faccioso más y algunos frailes menos,* según se desprende de la lista que escribió a Mesonero en 14 de octubre del año citado más arriba a la que Mesonero responde citando a Pirala y Bermejo.

Sospecho que desde que Mesonero le dio tan provechoso consejo, que don Benito tomó al pie de la letra, como se echa, sin más, de ver leyendo el episodio para el que pedía ayuda, no abandonó la consulta de los dos libros fundamentales que le sirvieron de guía para *Montes de Oca.*

En 1892, cuando preparaba *Zumalacárregui,* se encontró Galdós en Madrid, sin la *Historia de la Guerra Civil,* de Pirala y deseoso de comentarla con tranquilidad en su casa

---

[4] V. *Cartas de Pérez Galdós a Mesonero Romanos,* publicadas por E. Varela Hevías. Madrid, 1943, pág. 54 y sigs.

se la pide a Pereda, con las *Memorias de un setentón*. Pereda le responde que no tiene «la parte que Galdós necesita» de la obra de Pirala [5]. Me atrevo a conjeturar que Pereda no tenía la edición de la *Historia de la Guerra Civil,* en que va añadida la Regencia de Espartero, en la que se cuenta, como el lector ya conoce, el pronunciamiento y muerte de Montes de Oca. De ser esta conjetura cierta la preocupación de don Benito por el ilustre marino y la idea de hacerle eje de un *Episodio,* venía de antiguo.

Unos dos años más tarde, según escribía *Montes de Oca,* Galdós necesitó más documentación y más directa, inmediata y pormenorizada, sumido como estaba en el drama personal de don Manuel Montes de Oca y su paz serena ante la muerte. De aquí que recurriese a los «archivos vivientes».

Por esta razón antes de concluir este capítulo que podríamos llamar introducción a las fuentes históricas del Episodio *Montes de Oca,* conviene que diga algo del «archivo viviente» que utilizaba Galdós.

En la Carpeta número 7, legajo número 12, del Archivo de don Benito, que se conserva en el Instituto de su nombre en Canarias, hay una carta de Juan Combra, respondiendo a otra de don Benito, que dice:

«La señora viuda de Soriano me citó anoche en su casa, y dijo que Montes de Oca no era pariente de ellos, aunque sí recordaba haber oído hablar de él a su marido.

»Hoy va a escribir a Rodrigo, a Valencia, para que le diga si él sabe haya entre los papeles que él ha reparado de su casa, alguna carta o retrato, para buscarlo, en este caso, y ponerlo a su disposición.

»Es todo cuanto puedo comunicarle, etc., etc.»

La carta está fechada el sábado 7 de abril de 1900, Galdós debió recibirla, como supone el profesor Cardona [6], cuando estaba a la mitad del Episodio *Montes de Oca.*

---

[5] *Cartas a Galdós,* presentadas por Soledad Ortega. Madrid, 1964, página 35.

[6] R. CARDONA: «Apostillas a los *Episodios Nacionales* de Hans Hinterhauser», *Anales Galdosianos,* III, 1968, págs. 136-140.

El señor Soriano que se menciona como Rodrigo, debió ser Soriano Barroeta Aldamar, de Guipúzcoa, gran amigo de Blasco Ibáñez, durante algún tiempo compañero de destierro con Unamuno en las Chafarinas, periodista y político de mucha celebridad durante el primer tercio del actual siglo.

Imagino que Galdós, ansioso por tener más y mejor conocimiento sobre su personaje, buscaría alguien próximo a la familia de Montes de Oca, que, y el lector disculpe si repito alguna otra vez esta idea, debió encontrar si juzgamos algunos hechos muy concretos que don Benito describe que no se hallan en las fuentes impresas.

Del conjunto de datos que poseemos, puede inducirse que Galdós tenía desde muy antiguo la idea de cuáles eran los momentos fundamentales de la historia de España que habían de servir de nudos en la red de la narración completa de la historia nacional contemporánea, desde *Trafalgar* hasta *Cánovas* [7]. De aquí que su curiosidad y el acopio de datos sean permanentes y no correspondan sólo al período en que redacta los episodios.

---

[7] Cfr. W. T. Pattison: «The prehistor of the Episodios Nacionales», en *Rev. Hispania*, vol. 53, núm. 4, diciembre de 1970.

II

Respecto de Montes de Oca ha habido un intento no logrado de mitificación, relacionando su vida y sobre todo su muerte, con valores que se suele admitir que son intemporales, como la nobleza, la superioridad de ánimo, la inteligencia, la justicia y el amor a otros más que a sí mismo [1].

Galdós, el punto más alto del incipiente proceso de la mitificación, de modo particular en cuanto atañe a su muerte, elude, en las páginas relativas a Vitoria, el asunto de los fueros, fundamento de cualquier explicación sociológica

---

[1] El intento de mitificación es paralelo, en los primeros tiempos, a un silencio inexplicable de no ser por miedo o razones políticas; don Antonio Alcalá Galiano es un buen ejemplo. Era pariente de Montes de Oca, en cuya casa estuvo refugiado en Madrid en 1837. Sin embargo, en las Memorias publicadas por su hijo, confiesa: «mientras duró el movimiento, no fui a Vitoria a ver a don Manuel Montes de Oca, que de él era cabeza, no obstante ser mi primo y mi amigo a pesar de que iban a verle todos cuantos en Bilbao eran algo notables», y no añade una palabra de admiración o condolencia por la muerte del marino (V. Memoria, s. a., B. A. E. T. 84, pág. 301).

No es esto sólo. El Dr. Thebussem, en Thebussianas, 1.ª serie, Valencia, s. a., en el capítulo «Galiano», cuenta que con motivo de las honras solemnes que en 1844 se hicieron por el alma del ex ministro don Manuel Montes de Oca, invitó, para que las presidiera, a Galiano, el Ayuntamiento de Medina Sidonia, con el compromiso sobreentendido de pronunciar un discurso, pero «el público llenó por completo el salón, galerías y piezas contiguas, y después que reinó por algunos momentos un silencio sepulcral, el celebérrimo orador levantó su cabeza..., hizo una inclinación a la derecha, otra a la izquierda y otra de frente... y desfiló más silencioso que un cartujo» (página 194). Alcalá Galiano tuvo miedo a comprometerse. La muerte de Montes de Oca comprometía, como tantas otras muertes, a quienes la rememoraban. Por su parte, el Marqués de Miraflores, autor de unas conocidísimas Memorias, no se refiere para nada a Montes de Oca (V. B.A.E. Continuación, T. 173), ni menciona la actitud de la reina madre respecto de la insurrección. En la Corte no debía gustar que se mencionase al ex ministro de Marina, y si se hicieron los actos de desagravio en 1844, fue por empeño persistente de la Reina doña Cristina.

de la audacia de Montes de Oca y de su seguridad en cuanto al triunfo [1]. Don Benito se afianza en el análisis psicológico, aislando a la novela, especialmente hacia el fin, de la base económica y social. Los personajes se quedan a solas consigo mismos, empeñados en la autorreflexión y el recuerdo. Método clásico del drama moderno que procede por eliminación de la complejidad hasta reducirlo todo a la tormenta espiritual de uno o cada uno de los personajes. Este procedimiento de modularización, en el que aquello que rodea se difumina sin desaparecer y lo que queda se hace más propio y se engrandece, es clarísimo en el Episodio que comento. Todo él se ha ido configurando para este final en que lo subjetivo define y domina lo demás, gracias al supuesto enamoramiento platónico de don Manuel hacia la Reina Madre Doña María Cristina.

Esta idea, que después discutiremos en el capítulo V intentando averiguar como era la persona que Galdós convirtió en personaje, es el centro psicológico que define la conducta de Montes de Oca. Galdós no pone siquiera una duda en cuanto a la absoluta confianza del «mártir» en el consentimiento de la Augusta Señora para la sublevación. Sin embargo, da a entender que ésta había dejado que las cosas siguieran su curso, esperando el resultado. Es indudable que fue así, pero quizá no por voluntad de doña María Cristina, sino de los conjurados de la rebelión moderada, que, desde París, querían reservarse las dos posibilidades, las que ofreciera la victoria y las que pudieran aprovecharse de la derrota.

Hasta el 10 de octubre del año 1841, es decir, unos días antes de la muerte de Montes de Oca, no preguntó el embajador español en París, don Salustiano Olózaga, a la Reina Madre, si había o no había consentido que se apellidara su nombre para la rebelión. La pregunta y la respuesta la conocemos por un escrito impreso que el general

---

[1] Aparte de lo que luego diré. Véase el conjunto de las proclamas de Montes de Oca, con persistentes menciones a los fueros, en J. María Mutiloa Poza: *Desamortización, fueros y pronunciamientos en Alava en el siglo XIX*. Vitoria, 1975, págs. 307 y sigs.

Zurbano recibió, de manos de un oficial de la legación en París, firmado por Olózaga, en el que cuenta la entrevista. El impreso no lo he logrado ver, pero fue transcrito en el «Boletín Oficial» de la provincia de Alava, de 25 de octubre del año citado (número 51), a cuya transcripción, que supongo fiel, me atengo.

Dice don Salustiano que pidió audiencia, que la Reina le recibió en seguida, con antelación a otras personas que lo pretendían, que preguntó a la Augusta Señora «si era cierto lo que de su Real persona y sus proyectos decían los papeles publicados en Pamplona y en algunos puntos de las provincias vascongadas y la necesidad en que estaba de manifestarme la verdad de todo para que comunicándolo al Gobierno, pueda éste resolver qué clase de relaciones ha de tener en adelante con la ex Reina Gobernadora. S. M. se ha dignado contestarme que es falso que haya nombrado al general O'Donnell virrey de Navarra y capitán general de las Provincias Vascongadas, como se titula, que es falso que ni a éste ni a otro alguno haya dado ninguna autoridad, y que mal podría darla cuando S. M. no tiene ninguna, que cualquier cosa que hagan es por cuenta de ellos. Esto lo ha repetido S. M. varias veces, añadiendo, "y si no que me prueben lo contrario": y me ha autorizado para comunicarlo al Gobierno, así como los votos que hace por el bien y tranquilidad de todos los españoles.»

«¡Ojalá que lleguen a tiempo y que no se haya derramado todavía la sangre española, aunque lo creo muy difícil, por culpa de los que han manchado su nombre inscribiéndolo en la negra bandera de la traición! Pero nunca es tarde para descubrir la impostura de los que por miras o resentimientos personales se arrojan a turbar la paz del Reino, apellidando los nombres y las cosas que pueden servir para sus interesados proyectos, a no ser que las noticias confidenciales que con esta misma fecha comunico a V. E. se confirmen a vista, contra las Reales palabras que dejo citadas. En este caso todo comentario es inútil. El tiempo dirá cuáles deben ser las consecuencias de semejante política para la ex Reina Gobernadora y para la Nación española. Dios guarde a V. E. muchos años. París, 10 de octubre de 1841.»

Don Salustiano creía, a juzgar por lo que acabo de transcribir, que la Reina Cristina conspiraba y había autorizado la rebelión. Esta era la opinión común, que Galdós conocía muy bien, pero prefiere dejarlo en la penumbra y subrayar la quijotesca locura del enamoramiento sin correspondencia ni esperanza del infortunado don Manuel.

Particularmente, en los momentos finales del relato, la muerte muy cerca, cuando hay que decidir si el personaje va a morir siendo residuo de sí mismo o la culminación de sí mismo, don Benito opta, como era de prever, por esto último. El don Manuel ficticio se va transfigurando desde que entra en capilla. Sus rasgos se refinan aún más de lo que por naturaleza tenían de digno, hasta el extremo de aproximarse la descripción de Galdós a la imagen que ofrecen las estampas convencionales de Jesucristo:

«En el rostro del reo se hacía visible, desde el amanecer, una lenta transfiguración. Parecía de purísima cera, la frente más blanca que todo lo demás, de una blancura ideal.»

Pues bien, este hombre transfigurado hasta acercarse a lo intemporal, logra la culminación de sí mismo y el autor el momento anímico más alto de toda la novela cuando muy próximo a la muerte y con plena consciencia de ello piensa en Cristina:

«En Cristina pensaba el mártir cuando bajó del coche en el lugar donde formaba el cuadro, y al ver a los soldados del regimiento que llevaba el nombre de la augusta Princesa, de la diosa, del ídolo, de la Dulcinea más soñada que real, sintió por primera vez el frío de la muerte, y una congoja que hubo de sofocar con titánico esfuerzo para que no se le conociera en el rostor...»

La mitificación llega con esto a la cumbre en cuanto a la intimidad del personaje se refiere. Galdós ha anudado, como solía hacer, la imagen de Cristo con la de Don Quijote. Aunque repite esta yuxtaposición en bastantes de sus novelas, en pocas o ninguna con la nitidez que en este episodio [2].

En cuanto al valor físico se refiere, parte esencial del mito, Galdós hace, como páginas atrás dijimos, un relato sobrio de extremada fuerza dramática. Es de notar que don Benito combinó la literalidad del relato de sus dos fuentes principales con otra de la que después hablaré.

Sin embargo, tanto Bermejo como Pirala y Galdós omiten en la descripción, que a Montes de Oca, al recibir la descarga, las balas le atravesaron las mandíbulas. Don Vicente G. de Echávarri, fidelísimo cronista de los sucesos, lo dice: «Al llegar a la frase "su único hijo", cuatro granaderos dispararon a un tiempo, pero Montes de Oca, aunque ensangrentado, permaneció en pie. Instante breve, pero horrible: el mártir político, sin prorrumpir la más breve queja, con las mandíbulas atravesadas por las balas y las pupilas cerradas, dio un paso adelante sobre la izquierda...» [3]

Induzco que Galdós leyó, y quizás poseyera el rarísimo folleto (no existe en ninguna biblioteca pública de Vitoria) *Parte dado por el Jefe político de Alava al Exc. Sr. Secretario de Estado y del despacho de la Gobernación de la Península en 21 de octubre de 1841 y últimos momentos de la existencia de don Manuel Montes de Oca* [4]. Don Benito con sumo acierto omitió esta particularidad que el folleto citado y otras fuentes recogen. La imagen del rostro destrozado no se aviene con la mitificación de un hombre

---

[2] Hans Hinterhauser: *Los Episodios Nacionales de Benito Pérez Galdós*. Madrid, 1963 (Primera edición alemana, 1961), recuerda que en los Episodios, muchos personajes históricos, de Godoy a Montes de Oca y otros posteriores, al final de su vida presentan «cara de mártir», págs. 269-270, nota.

[3] Vicente G. de Echávarri: *Alaveses ilustres,* edición especial acordada por la Excma. Diputación de Alava. Vitoria, 1904, página 595.

[4] Vitoria, Egaña y Cía., 1841, 22 págs.

fundamentándola, sobre todo, en su muerte. La faz tiene que quedar indemne para que exprese la serenidad y sosiego de quien está, de uno u otro modo, por encima de la muerte.

Efectivamente, el trato artístico a que don Benito sometió los textos en los que se apoyaba para algunas de sus descripciones, es sumamente meticuloso y matizado. La frase de los testigos que relataron la muerte de Montes de Oca es «un paso oblicuo adelante sobre la izquierda». Galdós consciente o inconscientemente, pero siempre empujado por un sutilísimo y acertado instinto artístico, suprime el adjetivo «oblicuo» y el adverbio «adelante», que pudiera dar al lector la idea de tambaleo y debilidad.

La culminación mítica de Montes de Oca que llevó a cabo Galdós fue tan fuerte, sobre todo en Alava, que un historiador concienzudo y prudente de la ciudad de Vitoria, don Eulogio Serdán y Aguirregadivia [5], acoge a Galdós como si de un historiador más que de un literato se tratase. «Así terminó la vida de aquel infortunado caballero, cuya nobleza y sinceridad se destacan en la declaración prestada en un proceso verbal que hace decir al gran Galdós, en la novela que lleva el título de esta víctima de nuestras discordias políticas: " Se había sublevado contra el Gobierno, induciendo a paisanos y tropa a la rebelión, porque en conciencia creía que era su deber desobedecer a Espartero. Para él toda autoridad que no fuese la de la Reina doña María Cristina, era ilegal y usurpadora. Declaróse miembro del Gobierno provisional, que proclamaba la Regencia legítima y como tal expidió decretos y efectuó diferentes actos gubernamentales. ¿Quiénes eran sus cómplices? Todos los corazones leales. Su honor no le permitía decir más".»

De un modo u otro, Galdós se ajusta a la historia cui-

---

[5] Eulogio SERDÁN y AGUIRREGADIVIA: *Vitoria. El libro de la ciudad.* Vitoria, 1927, vol. II, pág. 137. El caso más notable es el de la *Enciclopedia Universal Espasa.* Quien hizo el artículo Montes de Oca, da un relato fiel de la vida y obras del ilustre marino, que demuestra que había leído sobre el tema lo necesario; sin embargo, en la bibliografía pone *exclusivamente,* tanto que sorprende. «Véase Galdós, *Montes de Oca».*

dadosamente y se documenta con cuanto pormenor puede, sobre todo en los casos en que teme que la identificación con el personaje le arrastre haciéndole perder su condición de observador y dueño del relato. En este episodio más que en ningún otro, tuvo que vencer el autor la atracción que ejercía sobre él la realidad para mantenerse alejado del personaje. Pero dejemos el mito sin salirse de su condición de casi y volvamos a Galdós, quien en varios pasos de la obra insiste, como hemos visto y veremos, sobre el amor quijotesco de Montes de Oca por María Cristina. La insistencia de don Benito en este hecho, que es el sentimiento que justifica, de verdad, la participación de Montes de Oca en la conjura, puede ser un recurso literario, o algo más, por ejemplo, el rumor tan fuerte, de que hablamos en páginas anteriores, de la devoción del marino por la Reina, que permitiría, sin salirse del flexible marco histórico que Galdós nunca traspasaba, describir al rebelde como un enamorado que lucha por su dama [6]; a mi juicio, el rumor se enriqueció, al menos como hecho literario, para don Benito, por la circunstancia de que en 1843, el 3 de julio se dictó en Barcelona un real decreto en el que se decía: «Art. 1.º Deseando expresar de un modo inequívoco lo gratos que me han sido los servicios que prestó a la patria y a mi trono constitucional el ministro que fue de Marina, Comercio y Gobernación de Ultramar, don Manuel Montes de Oca, y que sus cenizas dignamente colocadas sirvan a perpetuar la memoria de sus virtudes, vengo en decretar lo siguiente:

»Art. 1. El cadáver del malogrado don Manuel Montes de Oca será exhumado del cementerio de Vitoria, donde se haya, y conducido a la capital del reino, para ser depositado en el cementerio general a las afueras de la puerta de Fuencarral, donde subsisten los de sus compañeros de infortunio.

---

[6] Que era rumor y firme lo acredita que don Salvador Bermúdez de Castro, marqués de Lema, en la biografía de Montes de Oca, que después citaré como fuente importante del Episodio de Galdós, dice, en 1842, refiriéndose a doña María Cristina, que «era ídolo, del que fue su ministro de Marina».

»Art. 2. El ministro de Marina, Comercio y Gobernación de Ultramar, dispondrá lo conveniente para la ejecución de este decreto.»

El acta de exhumación de los restos que existe en el archivo del Ayuntamiento de Vitoria, la copian los dos autores que se refieren a esta ciudad que he citado anteriormente. Según ella, se reunieron en el cementerio las autoridades llegadas de Madrid, concretamente don Manuel Possé, oficial tercero de la Secretaría de Estado y del despacho de Marina, delegado por S. M. para la conducción de los restos hasta el cementerio general de Madrid.

Ante los testigos que habían asistido a su muerte y alguno que le conocía íntimamente, se exhumaron los restos, que habían sido cuidadosamente enterrados. El señor Salamanca, «secretario que fue del mártir», recogió, «con visible emoción», una mano que se conservaba en buen estado e improvisó un discurso, del que copio el primer párrafo: «Señores, éstos son los restos preciosos de aquella mano noble que no se retrajo en vida de cruzarse con la más humilde; éste es el héroe generoso a quien sus fieles amigos asistimos en un lance crítico con más lealtad que fortuna; éste es el que en su última hora, después de sus preces al cielo no tuvo más recuerdos para la tierra que el último adiós y un tierno abrazo para su fiel compañero don Pedro Egaña». [7]

La aparición del nombre de don Pedro de Egaña entre las últimas palabras de Montes de Oca, es un hecho nuevo, aunque fácilmente explicable, como veremos sin tardar.

Concluida la ceremonia y depositado lo que del cuerpo quedaba en el ataúd preparado ex profeso, «se presentó el ilustre cabildo de beneficiados, que durante la exhumación habían estado orando en la inmediata iglesia de Santa Isabel, por el descanso del alma del señor Montes de Oca, acompañados con las cruces de las tres parroquias de esta capital, cetros, capas y demás acompañamiento, y cantó junto al mismo sitio de la sepultura y frente al ataúd un

---

[7] Vicente García de Echávarri: *Op. cit.*, pág. 604.

solemne responso con música de la capilla, concluido el cual y hecha la segunda descarga de honor de las tropas, se condujo la caja funeraria a la referida iglesia de Santa Isabel. En ella, sobre un sencillo pero elegante catafalco, se colocó el ataúd, entonándose un segundo responso, a cuya conclusión se hizo la tercera descarga.

»Acto continuo desfilaron por delante de la iglesia, en columna de honor, el regimiento provincial de Palencia y el de caballería del Príncipe, colocándose un guardia oficial para la custodia del féretro, hasta la salida del mismo para Madrid: con lo que se dio por terminado el acto, siendo la hora de las siete de la tarde». [8]

No se dice en los documentos oficiales qué regimiento rindió los máximos honores, pero cabe admitir que fuera el de María Cristina y que alguno de los soldados que formara el piquete de ejecución estuviera ahora entre los que disparaban al aire honrando la memoria del muerto. Pocas coincidencias explicarían mejor que ésta la historia política de nuestro siglo XIX.

No es inverosímil que creciera el rumor de que Montes de Oca estaba idealmente enamorado de la Reina. El decreto es insólito, y aunque dado durante un Gobierno conservador, las frases de gratitud del trono son tan explícitas, que suenan a reparación tardía, agradecimiento y cargo de conciencia, para quien conoce los hechos.

Los periódicos de la época, dieron noticia pormenorizada sobre la exhumación de los restos de Montes de Oca. *El Heraldo,* en Vitoria (28 de agosto), comenzaba la información con un tono de entusiasmo y patetismo: «Son las ocho de la noche y vengo de presenciar la exhumación de los restos del mártir de la patria, del ilustre marino, del generoso, del bueno, del grande siempre y sublime en la muerte, don Manuel Montes de Oca. ¡Loor al Gobierno que ha sabido renovar su memoria con este acto de reparación! ¡Gloria al distinguido cuerpo de la armada nacional, que tan firmemente ha contribuido a que salgan del obscuro y

---

[8] *Op. cit.,* págs. 607-608.

humilde sitio en que yacían, aquellos restos inanimados que encerraron una de las almas más hermosas; aquellas frías cenizas en que ardió tan vivo fuego del amor patrio, el amor a su Reina, el honor marino.» También en esta descripción el cronista se esfuerza por dejar bien a Egaña, que no estuvo en el acto.

El Castellano fue, si no me equivoco, el diario que con mayor meticulosidad describió la entrada del cortejo fúnebre en Madrid el día 2 de septiembre. Según el relato de este periódico, el coche fúnebre y su escolta llegaron a la puerta de Bilbao. Allí le esperaban los coches del Gobierno más dos de la casa real, uno de María Cristina y otro de Isabel, amén de los de parientes y amigos. De la puerta de Bilbao, acompañados de una guardia de marinos, «cuantos había en la Corte», se trasladó la comitiva a la Iglesia de San José. En ella se celebraron honrosísimos funerales, a los que, prácticamente, asistió toda la corte; un gran gentío rodeaba al templo. Durante la ceremonia, Su Majestad la Reina Madre, lloró tiernísimamente. Al cabo la comitiva se trasladó a la Sacramental de San Isidro del Campo, donde fue depositado el cadáver en un nicho, junto al de Diego de León.

Que se creyese por el común, que Montes de Oca había estado enamorado de la Reina y que ésta se había servido del infortunado caballero, es casi el resultado natural del espectáculo descrito, si ya no hubiera otros hechos conocidos para sospecharlo. Galdós arregló, con suma delicadeza y buen criterio, la opinión extendida, para que la novela de la sublevación y muerte de Montes de Oca fuese también la novela de la historia.

Algunas líneas más arriba, habíamos anunciado que volveríamos sobre la afirmación del secretario Salamanca respecto de don Pedro Egaña.

Galdós no le menciona entre aquellos a que se refirió Montes de Oca en los momentos anteriores a su muerte. Galdós se atuvo escrupulosamente, como le gustaba y se esforzaba por conseguir, a los hechos verificados o más verosímiles.

La mención a Egaña por el secretario Salamanca se debe a la vergüenza que la ciudad de Vitoria, y en general los vascos, sintieron por la traición de los miñones.

A esta traición Galdós se refiere poco, pero es notable el modo que tiene de resolver la cuestión, eligiendo la forma menos dramática. Por este camino, entraríamos en el tema de la «indulgencia» de Galdós respecto de los hombres a quienes representan sus personajes, tema que no es del momento, pero que tiene interés, porque plantea a su vez el problema de si la objetividad del historiador implica indulgencia.

El autor de una novela que argumenta sobre la historia, tiene una actitud respecto de sus personajes y otra respecto al modelo humano al que se refiere, en los casos en que es posible distinguir entre los modelos de seres reales que el personaje representa o significa, y los propios personajes en cuanto entidad autónoma de la novela. Además el autor está presente y no se olvida por el lector, que experimenta, según lee, que hay un guía dueño del plano de la novela y de la conducta de quienes en ella lo recorren.

En la novela clásica española, por ejemplo, no suele haber espacio entre el ser humano que el personaje representa y el propio personaje. En el *Quijote,* v. g., quienquiera que fuese Don Quijote en la realidad supuesta, coincidiría plenamente con el personaje llamado Don Quijote; al servir, castigar, reprender, condenar, salvar, premiar, proteger o destruir a uno, se hacía lo mismo con el otro. En este sentido estas novelas son ejemplares, pues no dejan escape a la duda o la excusa, respecto de la posible conducta en la realidad exterior a la novela.

En el caso de Galdós no es así en general y particularmente en cuanto se refiere a los *Episodios.* En tanto éstos se apoyan en seres «históricos», ha de quedar muy clara la distancia entre O'Donnell histórico, para poner un ejemplo, y O'Donnell personaje. Esta distancia la utiliza con suma frecuencia don Benito para ser indulgente con el personaje y severo con los modelos. Apreciaba más los seres que él creaba, que los seres que observaba. Dicho en otras palabras, confiaba en los personajes y desconfiaba de los hombres.

En el caso de los «miñones» esto parece bastante claro. Cuando el desventurado don Manuel Montes de Oca huía de Vitoria, le acompañaban Alameda, las dos hijas de éste, Piquero, Egaña, el coronel don Juan Donoso, y el secretario particular de Montes de Oca, don Jacobo Moreno de Salamanca, escoltados por el regimiento de caballería de órdenes primero de ligeros, mandados por Rijo, más cien miñones a caballo, mandados por Leiva. Muy cerca de Vitoria, Rijo y los suyos tomaron al galope el camino de Castilla para unirse a Espartero, siguiéndoles los carabineros.

Deliberaron los miembros del fugitivo Gobierno Provisional, y decidieron que las tropas leales que quedaban fuesen a reunirse con O'Donnell, despedir a los miñones menos ocho que se reservarían de escolta, y continuar el viaje camino de la frontera francesa. Aquí comienza una de las partes más oscuras y tristes de la historia de la prisión de Montes de Oca, que Galdós tuvo que resolver literariamente evitando dañar las honras, pero salvando la verosimilitud, ya que la verdad no se conocía ni se conoce.

Por lo pronto está el tema de los ocho miñones que vendieron a Montes de Oca, haciéndole presa y entregándole al general Aleson en Vitoria. Esta ciudad se consideró deshonrada, pues los miñones traidores eran de la provincia, y algunos de la propia Vitoria. El sentimiento de vergüenza y la actitud de reprobación fueron tanto mayores cuanta más extraordinaria fue la valentía de don Manuel, su piadosa muerte y la sencillez y firmeza de su comportamiento. Se extendió en seguida la idea de que los miñones habían acabado pronto y mal sus días, pereciendo de horribles enfermedades o circunstancias infamantes. Todos menos uno, que con lo que le correspondió del reparto de los diez mil duros, puso una taberna y después se arrepintió, ya que contaba la escena de la prisión con lágrimas en los ojos, y pidiendo perdón mil veces a Dios y a sus convecinos mientras atendía a la clientela.

Don Ildefonso Antonio Bermejo, la principal fuente de

don Benito, como tal vez recuerde el lector, acoge el sentir de la opinión pública de su tiempo, que recogía a su vez la tradicional, en un párrafo que repito por su fuerza y brevedad:

«Convocados los miñones por Aleson a fin de satisfacer la deuda que con ellos había contraido el Estado, quiso probar el natural de aquellos infames, y preguntándoles si persistían en cobrar el premio de su miserable industria, respondieron los miñones afirmativamente, por lo que al darles Aleson los diez mil duros contratados, con frases destempladas, pero dignas, los despidió como réprobos, llamándoles además, *canalla indigna del país donde habían nacido.* Estéril desahogo, porque los vendedores recogieron su ganancia sin replicar al general y se la repartieron después. Es cosa para hacer notar, decir que ninguno de estos hombres sobrevivió largo tiempo al hecho: que todos han muerto en situación miserable y dos de ellos sufriendo dolores acerbos por enfermedades agudas y dilatadas, y Escabriza fue el primero que sucumbió, arrojando sangre por la boca a consecuencia de la caída que dio desde un caballo, siendo durante su corta vida tachado de avariento y conocido con el apodo de *Judas de Montes de Oca».* [9]

La condena de los miñones llega en don Ildefonso Antonio Bermejo a la culminación retórica, aunque desligada de las condiciones de lugar y raza de los traidores. Recoge la uniforme anatemaización de cuantos escribieron antes que él, pero detrás de la condena a los individuos estaba el honor de la gente alavesa y concretamente de la ciudad de Vitoria. El entredicho se agravaba por el hecho de que los acompañantes de Montes de Oca, alaveses y todos amigos de él y conjurados con él, le dejaron apresar sin protesta alguna o con descuido difícil de disculpar.

Quien conozca Vitoria entenderá, sin necesidad de muchas explicaciones, que la muerte del desventurado don Manuel se considerase un baldón para la ciudad y provincia.

---

[9] Ildefonso Antonio BERMEJO: *Op. cit.,* T. II, pág. 92.

Vitoria se asemeja extraordinariamente a las ciudades pequeñas de Castilla la Nueva obsesionadas por los blasones, la ascendencia y pretensiones de superioridad individual y colectiva. Esta condición, rara en Castilla la Vieja, lleva a las ciudades que la tienen, a firmísimos estados de culpa colectiva, que se disuelven tarde y no del todo. Aún hay alaveses que no les gusta y se encrespan cuando se les recuerda la prisión, agonía y muerte de don Manuel Montes de Oca.

La cuestión de los miñones quedó mejor o peor resuelta cargándoles de injurias y justificados reproches, que de acuerdo con los efectos psíquicos de la injuria y el reproche, purificaban a los acusadores [10]. Pero quedaba el comportamiento de los acompañantes de Montes de Oca.

Hay un hecho notable en el Episodio *Montes de Oca*, en cuanto atañe al modo de Galdós de manejar el entramado histórico sobre el que tejía el argumento y buscaba los resultados propios de una novela. Las fuentes más pormenorizadas y veraces confirman que el Marqués de la Alameda acompañó a Montes de Oca en la huida, llevando consigo a sus dos hijas.

Es incuestionable, por lo menos lo parece, que don Benito se encontró ante la doble posibilidad de introducir o no introducir a las hijas del Marqués en el relato. Galdós podía haberlo hecho a costa de complicar la acción, introduciendo en el período final de la novela, en el que sólo hay hombres, el contrapunto del valor: la queja femenina, al que se podía añadir la preocupación por la suerte de las dos mujeres metidas en la vida azarosa de la huida. El secretario Salamanca, en las palabras que dijo en el cementerio, las utilizó como instrumento para persuadir acerca de

---

[10] He de advertir que don Benito da unos pormenores, respecto de uno de los miñones, que no he conseguido averiguar de dónde los sacó. Supongo se los contaría alguno de sus amigos alaveses. Dice el texto de Galdós, que había estudiado para cura y desempeñado la secretaría de un Ayuntamiento. Conociendo el escrúpulo de Galdós respecto de los datos concretos referentes a la vida de los personajes no fingidos, es indudable que alguno de sus amigos alaveses se lo contó, o lo leyó en algún libro o periódico que no he visto.

la heroica defensa que los compañeros de Montes de Oca habían hecho de éste.

Pero Galdós, que no escribía para proteger o amparar a nadie, prefirió que el proceso hacia la muerte se hiciese con la sola participación de hombres, recayendo la responsabilidad sólo sobre ellos. Los efectos sentimentales se condensan eludiendo mujer alguna presente. El coronel Ibero recuerda una que Montes de Oca se niega a admitir explícitamente, y otra, la Reina María Cristina, está presente tan sólo en la imaginación del infortunado don Manuel. Galdós tiene el don de saber qué personas merecen o no merecen pasar a la condición de personajes.

III

Don Vicente G. de Echávarri, a quien ya hemos mencionado anteriormente, vecino conspicuo e historiador entusiasta de la Villa de Vitoria, sale en defensa del honor de los acompañantes del desgraciado don Manuel y cuenta del siguiente modo el aprisionamiento del ex ministro de doña María Cristina.

«Montes de Oca y su secretario Salamanca procuraban descansar en una habitación de la venta; el marqués [1], trataba de consolar y calmar la excitación de sus hijas, que le veían en tan grave apuro, y Egaña, Donoso y Leiva comentaban en el comedor los sucesos y formaban planes para la evasión. De pronto aparecen a la puerta de la habitación los ocho miñones, y dirigiéndose a Leiva, su comandante, poniendo los fusiles en actitud de disparar, le preguntan cuál de aquellos señores es Montes de Oca. Asombrado don Joaquín con tal interpelación y comprendiendo lo que se proponían, se dirige a ellos mandándoles que respeten su jefatura, les intima a que depongan tal actitud, les afea su conducta villana y traidora, deshonrosa para el cuerpo cuyo uniforme llevan y para la provincia de quien son las armas que esgrimen, y por último, trata de aproximarse a ellos. Conmínanle los forajidos con matarlos allí mismo si se mueven: aparece en escena el Marqués de la Alameda, atraído por las voces, y desoyendo los clamores de sus tiernas hijas, despreciando su inminente peligro, se presenta en medio de ellos para arrancarles la presa: les dirige encarecidos ruegos, les pone de manifiesto con su elocuente palabra la perfidia de su conducta y trata de imponerse como

---

[1] Se refiere al Marqués de la Alameda, don Diego Cortés de Velasco.

su diputado general; les ofrece la parte que quieran de su fortuna y todos los medios por el rescate, y sólo consigue verse atropellado y amenazado de muerte si no desiste de su intento.

»Egaña, ebrio de dolor, ciego de ira, corre a Vergara implorando auxilio; el valiente caballero Juan Donoso, recibe en el pecho tremendo culatazo, cuando presentándose Montes de Oca ante aquellos iscariotes, les dice parodiando al mártir del Gólgota: "Yo soy: dejad a esos que nada han hecho y cuya cabeza no tiene precio." Momento terrible, escena conmovedora: de un lado las tiernas hijas de Alameda lanzando lastimeros gritos, de otro Donoso y Leiva desarmados, maldicen su impotencia, y en medio de esta escena las mujeres de la venta lloran y Salamanca y Montes de Oca se abrazan tiernamente. Aún hubo antes de consumar la obra, intentos de impedirla... pero todo fue inútil». [2]

Esta infantil y casi cómica recomposición de los sucesos del aprisionamiento, en que Egaña se va corriendo, ciego de ira, a Vergara, a pedir auxilio y las tiernas hijas de Alameda arman jaleo a grito pelado ayudando las voces de los demás que discutían la moral del caso, mientras Montes de Oca y Salamanca dormían, no es muy convincente. El propio autor del relato se percató de ello e intenta justificarlo a pie de página, explicando que los venteros lo contaban así y recurriendo al testimonio de Salamanca, que durante la exhumación de los restos del desdichado don Manuel Montes de Oca, se justificó y justificó a sus compañeros con simplicísima y enfática grandilocuencia. No transcribo el relato de Salamanca porque G. de Echávarri lo hace casi al pie de la letra. Por otra parte, que Salamanca estuviera allí es dudoso. Galdós omitió este dato, porque el tal Salamanca aparece tan sólo durante la exhumación de los restos de Montes de Oca y desaparece después.

La verdad es que don Juan Valera, en la continuación a la Historia de España de don Modesto Lafuente, explica

---

[2] Don Vicente GARCÍA DE ECHÁVARRI: *Op. cit.*, págs. 389-390.

lo sucedido de manera poco honrosa para los acompañantes de Montes de Oca. «En la misma casa —dice Valera— se alojaban los dos acompañantes de Montes de Oca, el Marqués y don Pedro Egaña, sujetos ambos de gran influjo en el país y que podían haber interpuesto su mediación. No lo intentaron sin embargo y el Marqués y Egaña dejaron que a su inmediación, los miñones se apoderasen de la persona de Montes de Oca y le condujeran al matadero.» Para defender el honor de las familias, según él mismo dice, G. de Echávarri inventó apoyándose en Salamanca que también inventaba. Valera, por su parte, puso el granito de malevolencia a cuya tentación apenas podía resistirse, pero en este caso los hechos se inclinan a su favor. [3]

Galdós, que en el caso de Montes de Oca, llevó hasta la obsesión el cuidado que siempre ponía en atenerse a las circunstancias que definían las situaciones clave, no se dejó engañar por los relatos amañados ni aceptó trivializar una situación que exigía simplicidad para mantener su grandeza.

Don Benito anduvo siempre con mucho tiento en cuanto al modo de tratar estéticamente la muerte, y sobre todo la muerte heroica. Según se avanza en la lectura de los *Episodios* es más claro que teme comprometer al propio hecho de morir y comprometerse a sí mismo, comentando o aumentando las causas o consecuencias del acto.

Lector infatigable y lector preocupado por «dar a la caza alcance», había aprendido que el modo más firme y fuerte de expresar la muerte de un personaje era dejarle morir, o dicho en forma paradojal, que viviera su propia muerte. El relator sólo interviene como tejedor del relato, pero no argumenta, ni quita ni pone. El respeto a la muerte es una manera, quizá la superior a todas, de expresar el respeto a la vida.

Desde el presagio de la tormenta, Montes de Oca está muriendo y hubiera tenido el efecto negativo de aminorar el carácter trágico del proceso y su culminación, describir

---

[3] Continuación de la *Historia de España,* de don Modesto Lafuente por Juan Valera.

la tragicómica discusión de la venta en obsequio a la pretendida mancilla en el honor de los vecinos de Vitoria o de algunas familias conocidas de la ciudad.

El documento que sin ser fuente general primerísima, Galdós tuvo siempre al alcance de la mano para perfilar la personalidad del personaje que reproducía la persona de don Manuel Montes de Oca, fue el folleto que hemos mencionado anteriormente, impreso sin lugar, en 4.°, de setenta y cuatro páginas, titulado *Don Manuel Montes de Oca,* del que fue autor don Salvador Bermúdez de Castro y O'Lawlor [4]. Es este folleto hoy rarísimo, pero por fortuna se incluyó íntegro en la obra *Galería de españoles célebres contemporáneos,* publicada por Nicomedes Pastor Díaz y por Francisco de Cárdenas, en Madrid, en 1841, en cinco volúmenes. Este libro es de uso común y facilita la lectura de un texto que en la forma de folleto es dificilísimo de encontrar.

El marqués de Lema que conocía paso a paso los acontecimientos e incidentes del pronunciamiento de O'Donnell y la vida y muerte del ex ministro de Marina, describe con simpatía y exactitud los pormenores que más interesaron a Galdós. Por lo pronto, en lo que se refiere al episodio de los miñones, lo cuenta así Bermúdez de Castro:

«Eran las altas horas de la noche y todo yacía en silencio en la pacífica ciudad. Pero al lado de una mesa se hallaban los ocho miñones que custodiaban el sueño de los fugitivos. Entreteníanse en la triste suerte que les aguardaba en la emigración, y reflexionaban luego cuán pingüe recompensa ofrecía el general Rodil a los aprehensores del joven caudillo de la insurrección vascongada. Una misma idea cruzó por la sombría imaginación de todos, y se miraron y se comprendieron. Combinando en voz baja su infame plan se comprometieron mutuamente a ser traidores. Llegó la hora de la ejecución; los miñones salieron a la calle y gritaron con alarmante voz en frente del aloja-

---

[4] Bermúdez de Castro era amigo de Montes de Oca y editó la biografía en folleto para difundir mejor la heroica muerte de aquél y su «ejemplar vida».

miento: ¡Zurbano! ¡Zurbano! Al escuchar un nombre tan temido, levántase cada uno de los fugitivos y corre a buscar el campo sin dirección alguna. Los traidores los dejaron escapar; no valían dinero sus personas. Dos de ellos suben entonces al aposento de su víctima, mientras guardaban los restantes la puerta de la casa. Montes de Oca dormía; ni los gritos ni la confusión habían alterado su tranquilo sueño: dormía en la confianza de la fe vascongada; dormía como el hombre cuyo corazón está libre de remordimiento y temor. Llamáronle por su nombre y no despertó sin embargo; sacudiéronle del brazo y abrió los ojos: al dudoso resplandor del crepúsculo distinguió dos hombres armados al lado de su cama. "¿Qué me queréis?", les preguntó. Los villanos temblaron pero tuvieron aliento para confesar su crimen. Montes de Oca miró alrededor de sí y hallándose sin armas, "vamos", les dijo con voz serena, "estoy pronto". Dejáronle apenas tiempo para vestirse; hiciéronle salir de Vergara; y apartándose del camino real, le condujeron por asperezas y sendas desconocidas en dirección de Vitoria.» [5]

Si el lector recuerda el texto que de la prisión y viaje a Vitoria reprodujimos del relato de Galdós en el primer capítulo de este ensayo, admitirá que don Benito tuvo muy en cuenta la composición y descripción de la escena que hizo Bermúdez de Castro. Introdujo, como siempre, los elementos trivializadores que dan al drama sentido real al incluirlo en la verosimilitud que por sí mismo tiene lo cotidiano y no falta el humor, a veces tan soterrado y fundido con lo más oportuno que cuesta trabajo percibirlo, como en el caso del miñón que había estudiado para cura y había sido amanuense de un escribano.

Alguna observación concreta de Bermúdez de Castro acredita, sin duda, que Galdós tuvo el texto delante. Las frases de Bermúdez de Castro, «cansado, caminando entre feroces bandoleros, cruzando sendas desconocidas y sufriendo los tormentos de la sed, sin otras perspectivas que el cadalso después de tantas fatigas, sin un amigo con quien desahogar sus penas, lejos del país en que nació, oyendo los rudos acentos de una lengua exótica y sin otra compañía que la de sus verdugos, era su muerte la más cruel que ha cabido a víctima alguna de las discordias políticas» [6], las sustituye Galdós por estas otras que el lector recordará: «Hablaban los miñones entre sí el idioma vascuence, del cual el infeliz preso no entendía palabra, resultándole de esto un tormento mayor, al sentirse más aislado, más lejos de su patria. Entre ésta y el poeta se interponían un suelo desconocido, una gavilla de bandoleros y una jerga que nada decía a su entendimiento ni a su corazón. En el fatigoso paso por veredas y trochas, mortificado del hambre y la sed, sin otro sentimiento inmediato que el desprecio que le inspiraban sus guardianes, sufrió el desdichado caballero indecibles angustias.»

Pero dejando aparte las observaciones que por la propia fuerza de la situación es casi inevitable repetir, hay en la vida que de Montes de Oca escribió Bermúdez de Castro un episodio que demuestra la dependencia de Galdós respecto de esta fuente, el grandísimo interés que despierta en él la persona de Montes de Oca, y la transformación del recuerdo, horas antes de la muerte, en un elemento de aclaración, autodominio y seguridad en sí mismo cuando la vida ha sido ejemplar y elevada, según quiso Galdós que fuera, en la novela, la del desventurado don Manuel [7].

«Al concluir el año 1829, encalló en la plaza de Cádiz un bergantín desconocido: indicado a las sospechas de las autoridades, hallóse que su tripulación era una tripulación de piratas. Presos y sujetos a una causa severa, cada día revelaban nuevos crímenes y hechos más atroces de crueldad y valentía. Mandaba el buque un francés joven y de agraciada figura que, dotado de energía indomable, de valor a toda prueba y de gran serenidad y recursos en tiempo de peligros, se había levantado por su propia fuerza a ser el

---

[6] *Op. cit.,* pág. 67.
[7] *Montes de Oca,* ed. cit., págs. 289 y sigs.

jefe de sus salvajes compañeros. Pero para mantener en obediencia la insubordinada gavilla que mandaba y conquistar
sus simpatías, la mano del capitán pirata había regado más
de una vez con sangre el puente del bergantín. Sus declaraciones, pronunciadas en el tono de la más completa indiferencia, revelaban asesinatos de indefensas tripulaciones,
mujeres violadas sobre los cadáveres palpitantes de sus ma-
ridos, barcos incendiados en alta mar y abandonados a las
olas, y tal cúmulo de inauditas y bárbaras crueldades, cual
caben sólo en la feroz imaginación de hombres que aguzan
sus sanguinarios instintos en el pensamiento de los conti-
nuos riesgos que amenazan su existencia. Pero a pesar de
sus crímenes el joven capitán había logrado excitar en Cádiz cierta especie de admiración. El respeto que, aún entre
grillos, inspiraba a sus compañeros, la orgullosa resignación
con que aguardaba su destino, la generosidad con que dis-
culpaba a los otros y echaba sobre sí la responsabilidad de
todos los crímenes, la escogida educación que le diera una
honrada familia en sus primeros años, la finura de sus mo-
dales, su juventud, su figura, todo contribuía a interesar la
compasión por el hombre que demostraba cualidades supe-
riores a las de un desalmado bandido. Montes de Oca fue
nombrado su defensor, pero en la primera conferencia que
con él tuvo, revelóle el pirata su inflexible resolución; sus
delitos sólo podían alcanzar el perdón en el cielo; era imposible que tribunal alguno lo absolviese, y todos los esfuerzos para salvarle habían de ser inútiles; cada una de
sus declaraciones destilaba sangre; y conociendo que había
concluido su carrera en el mundo, estaba resuelto a neutra-
lizar los esfuerzos que pudiesen hacerse en su favor. "¿No
vale más —le dijo— morir que arrastrar la existencia entre
las cadenas de un presidio? Mi determinación es irrevocable:
usted goza de concepto y capacidad: empléelos en el servi-
cio de otros compañeros: hay entre ellos un portugués, llamado Freitas, que tiene hijos y familia: en medio de sus
crímenes he leído alguna vez en su semblante el dolor que
le causaban: apliquemos juntos nuestros esfuerzos, y le sal-
varemos. Mis declaraciones echarán sobre mí el peso de sus

culpas: ¿qué generosidad hay en ello si de todos modos he de morir?". En vano trató Montes de Oca de convencerle: le dio las gracias, pero le aseguró que no se defendería: sus ruegos y súplicas consiguieron que se encargase de la defensa del portugués. Trabajosa fue su tarea, pero despierto estaba su entusiasmo: era una conspiración en forma: él y el capitán pirata habían resuelto salvarle, y ambos rivalizaron en sus esfuerzos. Llegó por fin el día de la sentencia: Montes de Oca estaba pálido e inmutado; el temor de no vencer lo traía desasosegado e inquieto. Sus primeras palabras fueron cortadas y balbucientes; pero animándose por grados, empezó a interesar con su patética elocuencia el corazón de los espectadores. Sus vivas descripciones, sus arrebatos de ternura y valientes apóstrofes hicieron la más profunda impresión, y cuando acabó su defensa el entusiasta marino, las emociones que le agitaban se habían comunicado al alma de los jueces. Freitas quedó absuelto y marchó lleno de gratitud a su patria: el capitán pirata fue sereno al cadalso, pero antes de morir pidió una entrevista con Montes de Oca para expresarle su agradecimiento y su admiración»[8].

Sobre este material, urdió Galdós la más profunda y extensa reflexión de Montes de Oca y a la vez de la más enigmáticas, si de juzgar la intimidad del personaje se trata.

Conviene advertir, para subrayar la proximidad que Galdós llegó a tener con la persona histórica de Montes de Oca y cuánto procuró acercarse al personaje, que no se limitó al relato de Bermúdez de Castro, que sigue en lo principal, pues menciona el nombre del capitán pirata que aquél silencia.

Sospecho que lo sacó de los periódicos de la época, pues los de la provincia de Cádiz trataron por extenso el tema, quizá de algún folleto del que no tengo noticia. La mención

---

[8] BERMÚDEZ DE CASTRO: *Op. cit.*, págs. 17-18. La intervención de Montes de Oca la recogió el laborioso y olvidado don Manuel de SARALEGUI Y MEDINA: *Menudencias Históricas*, III. Don Manuel Montes de Oca y los piratas del defensor de Pedro. Imprenta Rieusset, 1911.

del nombre del pirata no es un capricho o una ocurrencia, por el contrario es testimonio del acierto de Galdós para no olvidar los pormenores que la persona a la que representa el personaje no hubiera olvidado. En los momentos de mayor zozobra, si se sobrepone la reflexión lúcida sobre la situación, reaparecen recuerdos concretos de circunstancias que de un modo u otro se corresponden con la que se está sufriendo y dentro de la situación que se recuerda un protagonista del que no se olvida nada, absolutamente nada, porque aparece como una anticipación, en la mayoría de los casos paradójica, de nosotros mismos. Galdós partía del supuesto, que nunca expresó en una fórmula, de que la mayor parte de uno mismo son los demás y cuando abre la espita del sueño o del recuerdo, los otros suelen aparecer como nuestro complemento o nuestra repetición, aunque a veces sea de modo extravagante o enigmático.

Todo esto señala además hasta qué extremo Don Benito se acercó psicológicamente a su personaje. Tanto se acercó que, según se analizan las fuentes, crece la intuición de que sólo a una pulgada debió estar de imaginarse a sí mismo en la cumbre del valor y la serenidad, más de mito que de hombre, del Don Quijote-Cristo Montes de Oca.

Pero el lector debe juzgar por sí mismo. Conoce la fuente, atienda al relato compuesto por Galdós en el diálogo de Montes de Oca con el coronel Ibero.

«... fue después, hallándome despierto poco antes de que usted entrara, cuando vi repetirse en mi mente un suceso de mi vida pasada... con tal viveza, amigo mío, que llegué a creer que no vivía en este tiempo, sino en aquél, y que no pasaba lo que ahora pasa, sino aquello... ¡Cosa más rara!... Oigalo usted. Ello fue el año 29: yo tenía entonces veinticinco años, ¡dichosa edad!, y era alférez de navío... No crea usted, había navegado mucho: en la fragata *Temis,* en la *Sabina,* en la *María Isabel,* en la corbeta *Zafiro.* Ya me conocían los mares... Pues, como digo, hallábame en Cádiz, cuando encalló en aquellas playas un barco de piratas, y, reducidos a prisión todos sus tripulantes, resultó la más execrable patulea de bandidos que se pudiera imaginar. Sus declaraciones espantaban: incendios de buques, asesinatos de navegantes, robos inauditos, violaciones de mujeres, cuantas atrocidades ideó el infierno... El capitán, que era un francés de buena presencia y modos elegantes, lo refería todo con la mayor indiferencia, contando también las horribles crueldades que hubo de emplear para imponerse a la vil chusma que con él servía. Nombráronme a mí su defensor..., y figúrese usted mi compromiso. Era el francés muy simpático y en la cárcel, cargado de grillos, cautivaba a todo el mundo por su lenguaje fino y discreto y la resignación con que esperaba su sentencia. A mí también me cautivó: aires tenía de gran señor, conocimientos de Historia y Literatura, palabra muy amena y un don de simpatía irresistible. Naturalmente movido de esa misma simpatía y de la compasión, quise salvarle: pero vea usted aquí lo más peregrino del caso. Verdier, que así se llamaba, no quería por ningún caso dejarse salvar. "Don Manuel —me decía—, no se empeñe usted en lo imposible. Mis delitos sólo alcanzarán perdón en el cielo; ningún tribunal del mundo puede ni debe absolverme." Firme en su resolución, que sostenía con una tenacidad admirable, todos los esfuerzos que yo hacía para disculpar sus crímenes los destruía el francés declarando más horrores y presentando ante el tribunal nuevos cuadros de maldad sanguinaria. Aquel hombre, créalo usted, me ponía en gran confusión, ¿cómo negar su grandeza, no inferior a sus crímenes? "Don Manuel —repetía—, es inútil cuanto haga para salvarme. No quiero. Emplee su talento en defender a otros, que también están manchados de sangre, pero no tanto como yo, y además son padres de familia, tienen hijos. Yo no tengo a nadie. No tengo más que a mi conciencia que me manda morir."

»—¡Qué hombre, amaba el castigo!

»—Se enamoró de la muerte: la muerte era su ilusión, como lo había sido antes su crimen. En fin, que me convencí de la imposibilidad de salvarle la vida y me apliqué para conseguir a otros la conmutación de pena. Verdier subió al patíbulo demostrando un arrepentimiento sincero, una dignidad caballeresca y una efusión cristiana que fue el pasmo de todos... Y ahora voy al fin de mi cuento. Esta madrugada, un rato en sueños y después tan despierto como estoy ahora, vi al pirata entrar por esa puerta. No tengo duda de que hablamos y de que me dijo: "Don Manuel, que se le quite de la cabeza el redimirme. Ya me redimo yo." Y todas las escenas, todos los incidentes de la causa, cuanto hice, cuanto vi en aquellos días, se me ha reproducido con claridad maravillosa.

»Y fíjese en otra particularidad, ninguna relación tiene el caso del pirata con este caso mío. ¿Por qué mi memoria eligió caprichosamente aquel suceso de mi vida, para reproducírmelo ahora con tanta claridad...? ¡Pobre Verdier! Materia de bandido que fermentaba en la desgracia, se volvió espíritu de caballero cristiano...»

Galdós utiliza un procedimiento al que recurre con frecuencia en sus novelas. El personaje vive en sueños o en ensueños, una situación que le aproxima a otra situación o a otra persona o personaje, sin que haya relación que justifique la proximidad. A veces, como ocurre en este caso, el propio protagonista del ensueño se pregunta a sí mismo por qué habrá imaginado o recordado lo que no tiene aplicación a las circunstancias presentes, de modo que el lector, y nadie más que él, ha de decidir, si le gusta ahondar en el tema, qué explicación hay y qué quería decir Galdós.

No quiero entrar en digresiones fáciles imaginándome qué ocurrió en el ánimo de Montes de Oca, para recordar al pirata y conversar con él y tampoco perderme en el dédalo de las posibles intenciones de Galdós, particularmente porque no creo que tuviera ninguna que fuera más allá del recurso literario de asociar a un momento culminante otro momento culminante, tanto en las reflexiones e imaginaciones de Montes de Oca, como en la relación entre las visiones del coronel Ibero y las del caballero gaditano a quien habían de ajusticiar.

Galdós había utilizado nuevos modos de «expresión monologal» en *Realidad,* cuando aún no se había difundido la técnica del monólogo interior y «esto explica, añade el profesor Gonzalo Sobejano, el carácter trascendente, hacia fuera, que tienen los monólogos galdosianos» [9].

Cuando don Benito escribía *Montes de Oca,* algunos años después de *Realidad,* había refinado lo que el propio profesor Sobejano llama *monodiálogo,* explicándolo como «diálogo con la imagen de otra persona tal como gravita sobre la conciencia propia».

Pues bien, el monodiálogo del desdichado don Manuel en capilla y para ajusticiar, es modelo en cuanto se refiere a la extremada concesión que Galdós hace al personaje, con menosprecio incluso del lector: nadie sabrá nunca, sólo Montes de Oca quizá lo supiera, por qué apareció y habló con él Verdier, el capitán pirata.

En cuanto recurso literario es oportunísimo, pero queda siempre la sospecha de que, según Galdós perfeccionaba su técnica, rehuía más el análisis psicológico introspectivo, ateniéndose al método dikensiano de «ver desde fuera» [10].

---

[9] G. SOBEJANO: «Forma literaria y sensibilidad social en la *Incógnita* y *Realidad* de Galdós», en *Revista Hispánica Moderna,* año XXX, abril de 1964, núm. 2, pág. 98. Sobejano cita, oportunamente, una opinión de Clarín sobre estos monólogos.

[10] En una carta sin coleccionar que Galdós envió, como solía, al diario argentino *La Prensa,* fecha en 25 de marzo de 1894, dice lo que sigue, texto al que se ha dado menos importancia de la que tiene:

«Un par de años, si no recuerdo mal, antes del 68, conocí a Balart, que ya tenía un nombre en la república de las letras y había luchado en el periodismo con un ardor de que hoy no tenemos idea.

... Los consejos sanos de aquel buen amigo, en quien vi desde el primer día un maestro incomparable, influyeron de tal modo en mí y tan seguro camino me trazaron, que si mil años viviera, no se extinguiría en mí la gratitud que debo a Federico Balart.

Diariamente le visitaba entonces en su casa de la calle de Fomento y platicábamos de literatura y de política, de esto último con la preferencia impuesta por las circunstancias, pues en aquellos días todos sentíamos en nuestro seno la gestión del hecho revolucionario. Para mí entonces, como ahora, la opinión de Balart era dogmática: sus ideas sobre todo parecíanme incontrovertibles. En asuntos de

Tal vez que Galdós no pasase de cierto límite en cuanto al análisis introspectivo del personaje, contribuya a explicar que sólo en casos muy determinados y excepcionales recuerda el hecho histórico en la biografía de la persona a la que estamos convirtiendo en personaje, para sacar a la luz sus estados de conciencia. El miedo de llegar tan hondo que el personaje se quedase sin propiedades, trasformado en perplejidad y contradicción, que además de ser miedo galdosiano es cautela necesaria a cualquier historiador, debió ser mucho con relación a Montes de Oca. Pocas veces, como ya hemos dicho, se sintió don Benito tan próximo psicológicamente a nadie como al desventurado don Manuel, y menos que nunca se atrevió a escarbar y descubrir. Por este camino y en estas condiciones puede llegar uno a escarbar en uno mismo.

Pero sin detenerme más en un tema que no es el que me he propuesto, insistiré en la cuidadosa y excepcional, en cierto modo insólita, documentación que recogió Galdós respecto de Montes de Oca, orientada siempre hacia el hecho sumo de su muerte.

En ningún otro *Episodio,* Novela o Drama, ha llegado el autor al nivel de patetismo sin atavíos ni adornos, infantil y trivial, aunque insuperable, que consiguió cuando, saliendo don Manuel de un sueño profundo y tranquilo, que le había transformado, sin embargo, sutilmente, y después de unos

---

arte y literatura, bien puedo decir que inculcó en mí ideas que han arraigado para siempre.

Por entonces ya conocía a Balzac, pero no a Dickens, y Balart fue quien me lo hizo conocer. Era quizá una de las poquísimas personas que en Madrid apreciaban al maestro de la novela inglesa. Lo que me encantó el descubrimiento que debía a mi maestro, no hay para qué decirlo. Para él Dickens era un superior ingenio tan fuerte como Shakespeare en la pintura de caracteres, un narrador incomparable, y el escritor más gracioso del mundo después de Cervantes. Consecuencia de esta adoración por Dickens, que se comunicó al instante, fue que pusiera mis manos en una traducción del *Pickwick,* que logró llegar a feliz término en unos cuatro meses.»

Véase WILLIAM H. SHOEMAKER: *Las cartas desconocidas de Galdós en la prensa de Buenos Aires.* Ediciones Cultura Hispánica, Madrid, pág. 520 y sigs.

minutos de charla, mientras esperaba sin remedio, en la misma mañana, la muerte, le hizo decir:

«Será tarde... y yo aquí con esta calma... fuera pereza.»

No he encontrado esta frase en ninguno de los relatos de que se sirvió Galdós. Más que nunca, en esta ocasión, don Benito transformó la ironía en pura pena sin dolor; también patetismo puro.

IV

La idea de que Montes de Oca es un *Episodio* excepcional que incluye una tesis cuya fuerza y claridad es el origen de la excepción, es un elemento que añadir al evidente, a mi juicio, embebecimiento emocional, de Galdós en el personaje a través de su muerte.

El afán de dar a los *Episodios* fluidez en la estructura y en el proceso del tiempo, para que recogiese lo mejor posible el devenir de la historia, llevó a Galdós a no fijarse con especial firmeza en ningún período definido ni a dar importancia permanente y general a ningún hecho público en relación con los protagonistas que permanecen. Por la misma razón se atiene con sumo cuidado al principio de que la aparición y desarrollo de las nuevas generaciones oscurezcan la presencia de las anteriores, para que el proceso sea de verdad proceso y progreso.

Supuestas estas condiciones no es fácil que un *Episodio* sea una «obra de tesis». Galdós que tendía a escribir obras en las que predominaba una idea que daba sentido al conjunto del argumento y a la vida de cada uno de los personajes y que a veces se expresaba, paladinamente, en el título, no utilizó este criterio en los Episodios. Una tesis aplicada a la historia encadena los hechos a una explicación. Galdós no buscaba esto, sino seguir la propia historia, cuyo decurso o realidad, se sobrepone a cualquier tesis posible. Galdós es un observador que crea, no un creador que observa. Sin embargo, *Montes de Oca* es una obra de tesis. Fue escrita en dos meses, espacio muy corto, y de manera que me atrevería a calificar de irregular y descompasada, aunque con especialísimo cuidado en cuanto a la información histórica que debía haber acumulado, al menos en este caso, mucho tiempo antes.

Galdós hubiera podido elegir, en especial por las supremas razones didácticas, que tanto influían en él, a Diego de León como eje para explicar la rebelión de 1841 [1]. Sin embargo, ya lo dijimos al comienzo de este ensayo, prefirió a Montes de Oca, atraído, a mi juicio, por la personalidad del marino y particularmente por su muerte, de cuyos efectos de seducción no pudo librarse. Pero a esto hay que añadir que don Manuel Montes de Oca implicaba, al menos para Galdós, una tesis. El *Episodio* que describe su conjura es el único episodio construido como obra de tesis. Sea esto absolutamente cierto o no, después lo veremos, Montes de Oca actúa como símbolo. En este sentido don Benito podría considerarse como un superhistoriador que partiese del supuesto de que todo hecho histórico es un símbolo en cuanto ha de organizarse e interpretarse para que sea histórico. En el Episodio *Montes de Oca* abría a primera vista, algo semejante a una culminación de la teoría de L. Becker [2], según la cual, el hecho histórico es un símbolo que permite recrear el pasado. En otras palabras, en cuanto un suceso se introduce en un relato sistemático de lo que ha ocurrido, deja de ser un suceso y es hecho histórico o símbolo. Es muy cierto que desde una u otra perspectiva, este criterio está muy extendido entre los teóricos del proceso y estructura del conocimiento histórico y si a él nos atenemos es difícil en bastantes ocasiones definir la frontera entre literatura e historia.

En puridad, Galdós no hace, principalmente, más que seleccionar los sucesos que le parecen más adecuados para que sirvan de símbolos o signos de cómo fue el proceso histórico. A través de esta selección, puede graduar el proceso en el tiempo y ordenar la estructura en el espacio, para reconstruir el pasado. Sin embargo, y pese a que el novelista histórico y el historiador en cuanto tienen por objeto los sucesos que han ocurrido en el pasado trabajan

---

[1] Don Benito disponía del libro de C. MASSÁ y SANGUINETTI: *Vida política y militar de Diego de León*. Madrid, 1843, que había leído, en el que también hay una biografía de Montes de Oca.

[2] G. J. RENIER: «History, its purpose and method», *The nature of historial inquiry*, dirigido por L. M. Marsa, U.S.A., 1970.

de un modo parecido, hay tres cosas que el novelista hace que el historiador no debe hacer:

Primero, el novelista puede inventar sucesos y construirlos como hechos históricos.

Segundo, el novelista puede introducir elementos psicológicos, aumentando o disminuyendo su intensidad, con libertad absoluta.

Tercero, el novelista puede hacer caso omiso de la intencionalidad objetiva incluida en los testimonios, o dicho en lenguaje más llano, al novelista de la historia le traen sin cuidado las piezas de convicción histórica, en cuanto las elude o las maneja como mejor le parece. Aún es más notable que a veces las oculta. No tiene obligación objetiva ni subjetiva de presentarlas.

Es evidente que Galdós manejó muchos testimonios de primera mano, que tenían el carácter de piezas de convicción que no cita. Un caso excepcional, a mi juicio, es el *Episodio* que titula *El equipaje del Rey José.* No sé qué opinarán quienes también estudien las fuentes históricas de los *Episodios* y hayan dado en éste, pero a mi juicio, es ciertísimo que don Benito tuvo presente una descripción directa y minuciosa de algunos sucesos que reconstruye, que no acabo de hallar.

Aquello que en lenguaje forense se llaman «piezas de convicción», se definen como testimonios físicos que prueban, mientras no se demuestre lo contrario, la veracidad de la prueba. El historiador utiliza, como el juez instructor, la pieza de convicción con la diferencia de que el historiador respeta la intencionalidad objetiva y el novelista no. Si, por ejemplo, el historiador dispone de un documento como testimonio o «prueba de convicción» respecto de sus juicios y opiniones, no debe ir más lejos de lo que el propio documento alcance en cuanto su literalidad y sentido. La mezcla de literalidad y sentido que todo documento tiene en mayor o menor grado, define la intencionalidad objetiva que excluye la intencionalidad subjetiva por parte del historiador.

La intencionalidad objetiva de un documento puede atestiguar que un matrimonio se contrajo con sumas cautelas y reticencias y concluir de aquí, por la intencionalidad objetiva del documento, exclusiva o comparativamente, una u otra consecuencia. Sin embargo, el novelista puede utilizar caprichosamente el testimonio según convenga a su intención.

Podemos comentar, sin salirnos del Episodio *Montes de Oca*, la utilización que el novelista hizo de un documento que tomó del historiador Pirala. El lector tiene en nota el documento que no es otra cosa sino la proclama más extensa y de mayor contenido político que Montes de Oca dirigió a quienes pensaba que secundarían sus planes. Si el lector compara el texto con el que doy en nota, que es el íntegro según lo da Pirala [3], la fuente a mi juicio, de Gal-

---

[3] Dice el texto que transcribe Pirala:

«Nobles vascongados y navarros: Individuo del gobierno provisional que ha de regir a España durante la corta ausencia de S. M. la augusta reina gobernadora, he venido a vuestras hospitalarias montañas a buscar el apoyo principal con que cuenta la monarquía.

»Un año hace que la ingratitud más horrible y la sedición más escandalosa invadieron por la fuerza los regios alcázares, y tiraron abajo los escalones del trono, y abrieron el camino por donde había de entrar a sentarse en él y llevar el timón del Estado el hombre que había recibido más recompensas de la nación, más beneficios y mercedes de su reina.

»Ese mismo tiempo hace que vuestras santas y patriarcales costumbres, que vuestras veneradas instituciones, que vuestras esclarecidas virtudes e inaccesibles glorias, son la befa y el escarnio del soldado ingrato y de la revolución ambiciosa.

»No ha habido respeto a que estas dos tiranías combinadas no hayan faltado, deber que no hayan infringido, pacto que no hayan roto, objeto digno de veneración sobre el cual no hayan derramado la violencia y el ultraje. Religión, libertad, tradiciones, independencia, todo, todo ha sido presa en poco tiempo del disforme monstruo devorador de septiembre.

»Cuando nuestros desdichados hermanos doblaban la cerviz ante este yugo ignominioso, aparejados por una larga serie de desdichas a sufrir la más dura servidumbre; cuando los protervos celebraban su triunfo en horribles bacanales, y los hombres de la monarquía se contentaban con lamentar en silencio tantos escándalos, hubo un pueblo de fama limpia y de nombre claro, a quien el pueblo llama invicto, que se atrevió a dirigir su voz, y con ella un respetuoso y un amantísimo saludo, a la excelsa señora a quien la revolución había arrojado al otro lado de los mares. Este pueblo está dos, observará qué ha quitado el novelista de esta «pieza de convicción» histórica que el historiador no ha suprimido. Dice la referencia de Galdós:

«La Nación no reconoce, vosotros (a los nobles vascongados y navarros se dirigía) no podéis reconocer como vá-

---

entre vosotros: su glorioso nombre pertenece ya a la historia: el que le pronuncie le ensalza: dos veces salvó el trono de Isabel, y mil apareció radiante de valor y heroísmo en medio de nuestras discordias civiles. ¡Honor y prez a la invicta, a la nobilísima Bilbao! Ella dio el grande ejemplo de fidelidad al infortunio. Ella fue bastante fuerte, bastante generosa para preferir la legitimidad vencida a la usurpación vencedora.

»Rivalizando en fidelidad y en heroísmo, se apresuraron al mismo tiempo a ofrecer a la excelsa proscrita el homenaje de su culto y de su amor las diputaciones de las tres provincias hermanas. Cuando la augusta señora recibió aquel santo mensaje, su pecho se llenó de amor y sus ojos se arrasaron en lágrimas. En vuestros archivos se conservan todavía, y se conservarán eternamente en vuestros corazones, las tiernas, las amorosas, las inefables palabras con que contestó a vuestras demostraciones de lealtad desde una tierra extranjera. La hija de la Providencia unió entonces irrevocablemente su suerte a la de los hijos de la gloria. La alianza entre S. M. la reina doña María Cristina de Borbón y vosotros no se romperá jamás, porque la formó el mismo Dios en el día de las tribulaciones.

»¡Nobles y esforzados habitantes de las Provincias Vascongadas y Navarra! Yo os prometo en nombre de esa excelsa Señora vuestros fueros en toda su integridad. Vosotros los habéis ganado con la sangre de vuestras venas, con el sudor de vuestra frente, con la lealtad de vuestros corazones. El comercio de la invicta Bilbao volverá a florecer con la restauración de leyes sabiamente protectoras. Las industrias de todo el país serán admitidas a los beneficios de la industria nacional, procurándose medios de que el favor concedido a vuestra laboriosidad, no degenere en fraude y granujería perjudicial al resto de los españoles. La ley que modifica las instituciones de Navarra, será declarada de ningún valor ni efecto. Ni ahora ni después, vascongados y navarros, tendréis más modificación ni arreglo en vuestros fueros seculares, que aquellos mismos que vosotros mismos, porque así os convenga, queráis establecer, por medio de la sola, exclusiva y legítima representación del país, representado por vuestras juntas y por vuestras Cortes. El trono no será jamás integrado con los que la sirven de escudo. La ilustre princesa en cuyas manos vais a poner el cetro de nuestros reyes, no será la que os robe vuestra libertad, la que olvide vuestro heroísmo, la que consienta se ajen vuestros laureles, que se mancillen vuestras glorias, que queden sin recompensa vuestros grandes hechos de armas.

»¡Nobles y esforzados habitantes de las Provincias Vascongadas y Navarra!

»Los generales más ilustres, los militares valientes, los que ga-

lida y legítima la renuncia del gobierno de la Monarquía hecha por Su Majestad en Valencia, porque fue, y así lo ha declarado Su Majestad, un acto insolente de fuerza...

Doña María Cristina es la única Regente y Gobernadora del Reino; la única tutora de las ilustres huérfanas llamadas a regir los destinos de esta Nación tan rica en gloria como escasa de ventura. Esta es la bandera de los leales; esa bandera se levanta hoy en todos los ámbitos de la Monarquía española... Los generales más ilustres, los militares valientes, los que ganaron en campos de batalla honrosas cicatrices, los que nunca faltaron a la fidelidad ni nunca cometieron el crimen de perjurio, siguen esa bandera magnífica y radiante que conduce a la victoria. Ella es el símbolo de nuestra Santa Religión y de nuestra católica Monarquía... Con ella triunfaremos nosotros como triunfaron nuestros padres.»

Si se considera despacio el modo de manejar Galdós el documento que estudiamos, es palpable que elude la primera parte del manifiesto en que la relación entre la Reina María Cristina y «las tres provincias hermanas», sugiere la cuestión de los fueros, pieza clave en la insurrección para levantar a las provincias vascongadas. Galdós eludió esta cuestión, que no ignoraba, para concentrar la atención del lector en la Reina y Montes de Oca, que aparece como el mediador entre aquélla y el pueblo. Comienza por consiguiente en la frase que dice «la Nación no reconoce, vosotros no podéis reconocer...». Por razones parecidas omite el párrafo siguiente que alude a las Cortes, llevando la relación entre la Reina y el pueblo a un plano general de carácter político institucional que debilita el vínculo emocional, único que don Benito quería subrayar.

---

naron en campos de batalla cien honrosas cicatrices, los que nunca faltaron a la fidelidad ni cometieron el crimen de perjurio, siguen esa bandera magnífica y radiante que conduce a la victoria. Ella es el símbolo de nuestra santa religión y de nuestra católica monarquía; con ella triunfaremos nosotros como triunfaron nuestros padres.

»Vitoria, 4 de octubre de 1841.»

(PIRALA: *Historia de la Guerra Civil*, ya citada, págs. 274-275.)

Es más patente aún cuanto decimos, si se observa que en el último párrafo ha quitado la invocación a los habitantes de las provincias vascongadas y navarras, y ha comenzado por el nombre de la Reina. «Doña María Cristina de Borbón es la única regente...»

Por último es notable que Galdós se mete a corregir descuidos del propio Montes de Oca. Desde luego hace mención especialísima de la bandera española, como acicate para la rebeldía, teniéndola también por enseña el ejército gubernamental. Era un error y no pequeño, don Benito lo arregló para que la personalidad del héroe no sufriese.

El historiador no debe hacer esto si quiere ser historiador de acuerdo con las exigencias de la investigación histórica.

Algo más no debe hacer el historiador; no debe formular tesis que predeterminen el sentir general que necesariamente han de tomar los testimonios que maneje. Sólo puede utilizar hipótesis de trabajo. Los textos aparecen como el resultado del análisis, lo mismo que en cualquier otro experimento científico.

La historiografía romántica está hoy sometida a una constante sospecha, por haber partido de tesis, arrastrada por el idealismo romántico. Es, incluso, fácil encontrar entre grandes especialistas, sobre todo en los que pesa con sobrada fuerza la idea de patria igual a nación, tesis que predestinan el significado de los testimonios. En algunos casos es difícil, cuando no imposible, establecer la frontera entre literatura e historia.

Galdós trata los sucesos históricos como un literato cuyo argumento es la historia moderna de España, y en algunas ocasiones, contadísimas, escribe o aprovecha un episodio para justificar una tesis propia. Ya habíamos aventurado esta idea páginas atrás, antes de iniciar la digresión, en la que quizá me extendí demasiado, sobre las diferencias entre literato e historiador. Habíamos dicho que *Montes de Oca* es un libro de tesis y he de sostener la afirmación, porque es incontrovertible. Sin embargo, no sé bien si la tesis surgió estudiando a Montes de Oca, o éste se escogió como símbolo para justificar una tesis. Más creo que fuera lo

primero que lo segundo. Don Benito no podía pasar la insurrección de 1841 por alto y el personaje más «notable» era
Montes de Oca. Ahora bien, el comportamiento de éste
lleva a formular una tesis que en cierto modo explica todo
el Episodio, aunque no el pronunciamiento y los intereses
que le produjeron. Galdós no quiso explicar la insurrección,
sino formular una tesis cultural cuya encarnación era Montes
de Oca. Desde este punto de vista es uno de los Episodios
menos históricos y más literarios a pesar de su cuidadosa
documentación, que intenta acreditar que Montes de Oca
era un político poeta, según la expresión de Galdós.

Oigamos a Galdós exponer su tesis:

«Era en suma, don Manuel Montes de Oca representación viva de la *poesía política,* arte que ha tenido existencia
lozana en esta tierra de caballeros, mayormente en la época
primaria de nuestra renovación política y social. Desde que
se introdujo la novedad de que todos los ciudadanos me-
tieran su cucharada en la cosa pública, empezaron a mani-
festarse los varios elementos que componían la raza; y si
vinieron al gobierno los hombres de temperamento peleón
y los militares de fortuna; si entraron los abogados y tra-
tadistas con todos los enredos de su saber forense y su
prurito de reglamentación, no podían faltar los trovadores,
que se traían un ideal de la ciencia gubernativa, derivado,
más que de la realidad, de los manantiales literarios. Más
de cuatro poetas o trovadores hemos tenido en la vida pública de este siglo de probaturas: que ellos son fuente espléndida, abundantísima, de uno de los seculares árboles del
terruño español, y gran daño han producido anegando las
ideas en la onda sentimental que derramaron sobre algunas
generaciones. El pobrecito Montes de Oca, por ser de los
primeros y haberle tocado la desdicha de venir con su lira
en una época tumultuosa y candente, fue víctima del error
gravísimo de querer dar solución a los problemas de gobierno por la pura emoción; pagó con su vida su desconocimiento de la realidad; merece una piedad profunda, porque era espejo de caballeros y el más convencido y leal de

los poetas políticos. Otros que vinieron después, han perecido ahogados en su propia inspiración» [4].

Como suele ocurrir a Galdós cuando se mete en esta clase de disquisiciones político sociológicas, la exposición de la idea es confusa aunque la idea esté clara. Si el último párrafo alude, así parece, a Castelar, don Benito quiere decir que Montes de Oca inicia una clase de políticos, los «poetas-políticos» o románticos que acaba con la Restauración, como don Emilio acabó.

Montes de Oca, arquetipo de esta clase de hombres capaces de dar su vida por un ideal, como hemos dicho, encarna la tesis de que en España ha habido abundancia de estos idealistas, cuya aparición coincide con el apogeo del romanticismo en el arte y en la vida.

Galdós, con suma finura, insinúa la peculiar posición de Montes de Oca en la sociedad española de su tiempo, entremetiendo en la tertulia que frecuentaba Ibero de Santiago, a Bretón y a Espronceda; dos tipos muy distintos de burgueses en una sociedad en transformación.

Si generalizásemos esta perspectiva, cada Episodio expondría una tesis social y política, y el conjunto de todos ellos, sería la interpretación de la historia contemporánea de España según tesis preconcebidas, sin elaboración científica alguna. Pero no es así: Galdós no es un historiador caprichoso, es un literato que está, cuanto más, en la viejísima discusión formulada en la Retórica de Aristóteles de si el fin de la retórica es persuadir o enseñar lo posible, y sus consecuencias sobre literatura y verdad que tanto dieron que pensar y que escribir a los críticos del Renacimiento.

Galdós sólo tiene un Episodio en que la tesis defina del principio al fin el argumento y la estructura de la acción, *Montes de Oca,* y es lícito que nos preguntemos si la tesis sirvió para elegir la persona o símbolo que había de ser personaje, o si fue la persona la que hizo nacer la tesis. De un modo u otro Galdós hizo lo que ningún historiador

---

[4] Págs. 147-148, de la edición de 1900, por la que voy citando. En Madrid, en la imprenta de la Viuda e Hijos de Tello.

debe hacer, construyó el proceso de la acción y sus elementos según una tesis previa.

Sin embargo, que en este caso cediese a la tentación de la tesis, a mi juicio subyugado por el valor sereno y enigmático de la víctima, como complacía a don Benito llamar a Montes de Oca, tuvo el resultado de que el Episodio de este nombre resultase excepcionalmente documentado. No hay, a mi juicio, otro personaje en la obra de Galdós, del que sepamos que fue histórico, que el autor estudiase con el esmero y cuidado en los datos y testimonios que a Montes de Oca. Hay un elemento psicológico, que corresponde a la personalidad de Galdós, que no conviene descuidar. Sentía una atracción profunda, casi malsana, por las personalidades enigmáticas o que a él le parecían enigmáticas. No descansaba hasta tocar el fondo de la persona o del personaje, pues lo mismo le ocurre en las novelas que no son Episodios. Esto explica también su atención vital y literaria por las mujeres, mucho menos comprensibles e interpretables, en nuestra cultura, que los hombres. Un ejemplo extraordinario es la versión que dio de Doña Juana la Loca, considerándola sospechosa de herejía. Ha costado un gran esfuerzo a un sabio investigador galdosiano, hallar la fuente que utilizó don Benito, que como vamos viendo, en cuanto a los hechos, no daba paso sin texto [5].

En el caso de Montes de Oca, la preocupación por informarse es extraordinaria. Para don Benito, que no disponía de categorías históricas tan elaboradas como las que hoy manejamos, Montes de Oca debió resultar incomprensible y sentía el desasosiego de tocar fondo en su conciencia y entenderle.

De sobra se conocen las críticas que con harta frecuencia se han hecho a don Benito, sobre la falta de documentación de los Episodios Nacionales. Don Rafael Salillas [6], escribió un libro, para demostrar que el Episodio *Cádiz* está lleno

[5] V. R. CARDONA: «Fuentes históricas de Santa Juana de Castilla», en *Actas del primer congreso internacional de estudios galdosianos*. Madrid, 1977, págs. 462 y sigs.
[6] R. SALILLAS: *En las Cortes de Cádiz*. Madrid, 1910.

de falsedades en cuanto a los personajes históricos por falta de documentación veraz y suficiente. Otro ejemplo explícito es el del señor Solís, que acusa a don Benito de desenfocar la imagen del famoso cura de Algeciras, Terrero [7]. Pero, y aquí reaparece la complicada relación entre tesis *a priori* y condicionamiento emocional de la tesis: ¿la abundancia de fuentes se debe a la necesidad de justificar la idea del político-poeta, ejemplo de la riqueza de la corriente romántica en España durante el siglo XIX, o la proximidad psíquica y afecto por el personaje que Galdós sintió en este caso insólito?

Es muy difícil separar una cosa de otra y por consiguiente discernir cuál prevalece. Lo cierto es que Galdós omite o pasa sobre ascuas aquellos pormenores que, aunque sean pintorescos y puedan ayudar a definir la acción o la situación, perjudiquen al héroe. Ya he dicho algo de esto, pero insistiré con dos ejemplos claros. Uno, la poca importancia que Galdós da a que fuese Montes de Oca el primero que incurriese en la condenable práctica de poner precio a la cabeza del enemigo. En efecto, empujado, quizá por la extrema gravedad de la situación y por la inexorable actitud de Zurbano, que había hecho fusilar a siete miñones que llevaban mozos para la insurrección, puso precio a la cabeza de aquél. En relación con esto, omite que Zurbano ofreció

---

[7] Don Gregorio Marañón, en el prólogo a la obra de Solís (*El Cádiz de las Cortes*. Madrid, 1958), dice algo notable sobre el modo de documentarse de don Benito: «Es muy posible que Galdós, tan amigo y tan respetuoso con don Marcelino Menéndez y Pelayo, siguiera el juicio de éste. Pero, además, era él muy afecto a prestar oídos a la tradición, y es explicable, porque no era estrictamente un historiador, sino un vate, en un sentido riguroso de poeta para las gentes y no para los eruditos, que recogía, por tanto, sus noticias, ya de los papeles, en lo que era muy escrupuloso, ya de la voz popular. Y digo esto, no por exaltar una vez más la gloria del primer novelista español después de Cervantes, sino porque le oí referir a él mismo, más de una vez, que la idea de escribir los Episodios Nacionales, le vino, siendo todavía mozo, al escuchar los relatos de un antepasado suyo que había sido capellán de los Voluntarios Canarios, que vinieron a luchar contra Napoleón, y que precisamente estuvieron bastante tiempo en Cádiz.»

una cabra y una onza de oro a quien le entregase vivo o muerto a Montes de Oca [8].

La otra omisión voluntaria que a título de ejemplo quiero citar, se refiere a las detenciones de personas civiles durante su breve dominio de la ciudad de Vitoria. El hecho es irrebatible: en los libros del ayuntamiento hay un oficio, con fecha 13 de octubre de 1841, sobre las prisiones hechas por Montes de Oca en dos eclesiásticos, el jefe político y otras personas, detenciones que tuvieron muy mala acogida entre el pueblo, sobre todo lo de los dos eclesiásticos.

Con fecha 16 del mismo mes, el ayuntamiento solicitaba información sobre el resultado del oficio para poner en libertad a los clérigos, don Pedro Tercero y don Pedro Zárate. El alcalde respondió que se le había devuelto el original del oficio sin respuesta, lo cual interpreta, y con razón, como un desaire.

Esta conducta de los representantes del Gobierno provisional fue un error sin razón que lo justificara. Dio mala fama a don Manuel y los suyos y produjo represalias nada menos que en la lejana Cádiz, dando ocasión a Espartero de demostrar inexorable firmeza y energía. La edición gaditana del *Eco del Comercio,* reprodujo una editorial de Madrid el 18 de octubre de 1841, inteligente y templada, contraria a las represalias, pero denigratoria de Montes de Oca. «Demos —dice el editorialista— que el hecho (el fusilamiento de los siete miñones por Zurbano) fuera todo lo que el señor Montes de Oca quiere suponer: y que pueda tener su repetición: ¿qué tiene eso que ver con el señor Olañeta, ni ninguna de las personas apresadas?... Si el señor Montes de Oca tuviera confianza en la causa y en sus medios, que manifestó en sus primeras proclamas, no es de

---

[8] De esta noticia, que no he visto en ninguna otra parte, BERMÚDEZ GARRIDO: *Historia del último Borbón en España,* 3 vols., Madrid, 1968, vol. II, pág. 890. Garrido critica con dureza el pronunciamiento y menosprecia la personalidad y la acción de Montes de Oca. Galdós, que conocía el libro, rechaza el desdeñoso ofrecimiento de Zurbano, sea o no auténtico, del que podría haber sacado especial provecho literario, como solía hacer con estos pormenores anecdóticos.

creer que apelara a esos medios que repugnan a la razón, y son contrarios a todas las leyes divinas y humanas. Esas amenazas y ese procedimiento hacen ver la sed de *venganza* que devora a los conjurados, y que están persuadidos de que no les será posible saciarla por otros medios.»

Cabe conjeturar que el *Eco del Comercio* reprodujese la editorial a la que acabo de referirme para evitar represalias en la familia de Montes de Oca, pero no logró nada, el 23 de octubre del año a que constantemente nos referimos, da la siguiente noticia: «Las prisiones ejecutadas por el rebelde Montes de Oca en la familia del Presidente del Consejo de Ministros, y aún en la de otros patriotas, ha dado seguramente una justa ocasión a que el Gobierno por vía de rehenes determinase el arresto del hermano mayor y los sobrinos de aquel faccioso. La detención de éstos ya se ha efectuado y en el castillo de Santa Catalina de esta plaza, se encuentra desde la tarde de antes de ayer, don Alonso Montes de Oca, así como sus dos hijos lo están en Medina Sidonia, bajo la custodia de un guardia del cuerpo de carabineros de la hacienda pública.»

Don Benito debió conocer estos pormenores, pero los eludió para mantener su tesis y por el deseo, justificado por la voluntad de perfeccionar el personaje, de que no hubiera contradicciones en la conducta del héroe. Sin echar a olvido el deslumbramiento constante de Galdós, por el dignísimo y extraordinario comportamiento de don Manuel Montes de Oca durante la prisión y fusilamiento.

V

Que Galdós escribió el Episodio que comentamos, dominado por la idea de exponer el comienzo o la aparición en España de los políticos poetas, es difícil en especial de sostener, en relación con su protagonista, pero que mantuvo la idea, aunque contradijera a la descripción que del carácter de Montes de Oca hace el propio don Benito, lo atestigua que hablando de Espronceda le caracterizase de modo semejante a don Manuel Montes de Oca, sustituyendo la expresión poeta por la de *vate*, que define y casi mide la distancia en la vida práctica entre uno y otro personaje. Dice Galdós:

«No tardó Santiago en afirmar la amistad que en el verano había contraído con Espronceda, afirmándola y robusteciéndola con recíprocas confidencias. Bien conocía el alavés que las ideas de un amigo eran irrealizables, ideas poéticas y de otro mundo, ¡pero qué hermosas! Arrancaban del pasado y nos conducían a un porvenir risueño; se fundaban en lo más hermoso de nuestra alma, y pertenecían al propio tiempo al ensueño y la razón. Contradiciéndole, movido de los respetos inherentes a su posición militar, el coronel gustaba de oirle y le incitaba a desbocarse por los espacios donde jamás penetró el pensamiento de los hombres comunes. Era Espronceda el vate político, y bajo su influencia la religión liberal de Ibero se iba convirtiendo en un culto secreto de dioses lejanos.»

Sin sacar las cosas de quicio, pues no soy aficionado a las interpretaciones esotéricas construidas sobre coincidencias casuales, cabe admitir que el hecho de que Galdós hiciera preceder la llegada de Montes de Oca a Vitoria en un tiempo de relato que psicológicamente resulta muy corto, con la descripción de una tormenta que tiene semejanza con la que sorprendió al marino y a sus amigos cuando huían de la misma ciudad, no es resultado de una coincidencia fortuita. Si así fuera habría que interpretarlo como un descuido poco frecuente en la obra de Galdós [1].

La descripción de las dos tormentas, el tono general del relato según se aproxima al final, la transfiguración del protagonista contribuyen a presentar a éste como un «político-poeta», sin embargo en la primera parte del Episodio, Galdós traza la imagen de un político firme, asentado en lo concreto.

Ya he dicho en términos generales, cómo concibió Galdós a Montes de Oca. Ahora antes de decir algo del Montes

---

[1] Copio la descripción de la tormenta para que el lector pueda compararla con la que transcribí al comienzo de este ensayo:

«A media tarde comenzó a cubrirse el cielo de nubes pardas, que avanzaban del Oeste, y con ellas de la misma parte venía un mugido sordo, intercadente, como si por minutos se desgajaran los montes lejanos y rodando cayeran sobre la llanura. No era floja tempestad la que se echaba encima. Para zafarse de ella, apalearon los viajeros al infeliz caballejo que tiraba del coche; mas no obtuvieron la velocidad que deseaban. Descargó la primera nube antes de que llegasen a Oteiza. El iracundo viento quería revolver los cielos con la tierra, y durante un rato el polvo y la lluvia se enzarzaron en terrible combate, como furiosos perros que ruedan mordiéndose. Los giros del polvo querían enganchar la nube, y ésta flagelaba el suelo con un azote de agua en toda la extensión que abrazaba la vista. El polvo sucumbía hecho fango, y retemblaba el suelo al golpe del intensísimo caer de gotas primero, de granizo después. Los campos trocáronse en un instante en lagunas, retemblaba el caserío de las aldeas como si quisiera deshacerse, y los relámpagos envolvían instantáneamente en lívida claridad la catarata gigantesca. Grandiosa música de esta batalla era el continuo retumbar de los truenos, que clamaban repitiendo por todo el cielo sus propias voces o conminaciones terroríficas, y cada palabra que soltaban era llevada por los vientos del llano al monte y del monte al llano. Como al propio tiempo caía el sol en el horizonte, y la luz se recogía tras él temerosa, iban quedando oscuros cielo y tierra, y la tempestad se volvía negra, más imponente, más espantable. En la confusión de ella se perdieron, como la hoja seca en medio del torbellino, los cuitados viajeros que a media mañana habían salido de Olite en un mezquino carricoche. Se les vió luchar contra los elementos desencadenados, avanzar por en medio de la espesa lluvia y del desatado viento, queriendo achicharse y escabullirse; pero tal navegación era imposible, y en la revuelta intensidad desaparecieron bien pronto el carro y el caballo y caballeros.»

de Oca real y no literario, transcribiré los párrafos que me parecen inexcusables para dar firmeza a la comparación:

«En política —afirmó Montes de Oca acentuando su expresión de tristeza— el momento presente es lo que más importa. Al intentar dar una batalla nos hemos encontrado sin fuerzas, y lo que es peor sin terreno. Usted señor de Ibero, piensa que somos locos, y en ello tiene usted mucha razón. Pero no: el único loco soy yo, y personas a quienes he querido hacer partícipes de mi delirio han tenido el buen acuerdo de dejarme solo. Respetando las ideas de usted y en la esperanza de que usted, como hombre leal respetará las demás, yo me permito emplazarle para dentro de un año, de dos... Entonces veremos donde está la sinrazón y donde la cordura.»

«El tiempo hará, prosigue diciendo Montes de Oca, sin hacer apenas caso de la interrupción del coronel Ibero, lo que yo no he podido hacer. Quizás es conveniente que el mal madure y crezca, para destruirlo más pronto y desarraigarlo. En los momentos críticos de la vida de los pueblos, no es fácil saber dónde está la alucinación y dónde la claridad de juicio. Alucinan los triunfos repentinos, no la desgracia; la usurpación puede ser un delirio, el derecho no lo es. Y en cuanto a la nobleza de los móviles, yo le invito a usted a que haga un paralelo, una comparación entre los que defienden la fuerza material y los que patrocinan la espiritual. Dígame usted que cree más digno y más noble: si alentar el poder ciego de las armas, o apoyar la ley representada en lo más augusto, que es la monarquía; en lo más hermoso, que es la mujer; en lo más sagrado, que es la infancia.»

Ante la respuesta nobilísima del coronel Ibero de Santiago, esparterista sin mellas ni rebajas, dice Montes de Oca:

«... Declaro que si yo tuviera fuerza material, impediría la usurpación que se prepara. Entre los defensores de ella hay muchos que la creen odiosa, brutal; pero no se atreven a combatirla. Yo me atreveré por poco que me secunden, y espero que mi ejemplo traerá prosélitos a esta santa causa. Prepárese usted y los que como usted piensan, a las audacias de un enemigo, de un enemigo terrible: ese soy yo, se lo advierto desde ahora, *para que sean implacables conmigo, como yo lo seré con ustedes.* De seguro verán en mí una actitud quijotesca, una pasión que por querer remontarse a lo heroico, resulta ridícula. No me importa: está en mi naturaleza el acometer las empresas grandes que casi parecen imposibles, y no porque lo sean me acobardan a mí... En la expresión de su cara, oyéndome, veo que mis arrogancias no le asustan ni le enfadan» [2].

Esta última parrafada tiene a mi juicio interés especial para subrayar el carácter quijotesco, compatible con un gran sentido práctico, que Galdós dio a su personaje, con el acierto, como ya he dicho, de sumarle al final del Episodio, la imagen de un cristo de icono.

Cabe sospechar que don Benito pensase en dar a Montes de Oca, el carácter inexorable, casi feroz de un Don Quijote, lo que le permitiría razonar y defender la normalidad de su locura. Pero, si como parece, por los párrafos que he copiado, no desechó en principio esta solución para explicar el asombroso comportamiento del ministro de Doña María Cristina ante la muerte, acabó por elegir otra imagen y conducta muy apacible y cristiana, aunque en cierto modo desdeñosa, por cuya razón abandonó el modelo de inexorable y eligió el de caballero víctima resignada.

De aquí que don Benito olvidase voluntariamente o pasase muy por encima dos cosas que no ignoraba: una que Montes de Oca fue el primero en poner precio a la cabeza de Zurbano [3], otra que tomó rehenes entre los habitantes

---

[2] *Montes de Oca.* Madrid, 1905, págs. 45-47. Subrayado mío.

[3] Galdós hace lo posible por justificar este hecho, y dice, hablando de la decisión de Montes de Oca de poner precio a la cabeza de Zurbano, «suelen tener sus quiebros estos dramáticos arranques y entonces se vió más que nunca la inseguridad del procedimiento, pues Zurbano no parecía dispuesto a dejarse degollar». Cabría interpretar la decisión de Montes de Oca como algo más que un arranque

de la ciudad de Vitoria a familiares del entonces ministro de Estado [4]. Dos buenos pormenores para la interpretación de Montes de Oca según el criterio de la frase que puso en su boca y he transcrito: «Se lo advierto, para que sean implacables conmigo, como yo lo seré con ustedes.» Pero acabó por elegir al caballero cristiano quijotesco:

«Un desdichado caballero que se prendaba de los imposibles y a pelear se disponía, sólo triste por una idea rancia y sin lucimiento... ideas de capa y espada, cosas de la *Edad Media* o de cualquier edad donde no había progreso» [5].

De los rehenes don Benito no dice nada aunque lo sabía, para no entenebrecer la idea del poeta-político, ni disminuir el vigor de su tesis. No quiso poner en entredicho «el alma soñadora, noble en su delirio, grande en su loco intento».

Según el sesgo que Montes de Oca personaje de ficción va tomando al fin de la novela, no podía faltar la denuncia del elemento infantil, como suele hacerse con Don Quijote, tantas veces comparado con un niño, y con el propio Jesucristo. Galdós cumple con la exigencia del modelo, pues estaba en su método aceptar los establecidos, para resaltar mejor las individualidades: «Semejante a los héroes de un cuento infantil —dice Galdós al comienzo del capítulo XXIV—, se obstinaba Montes de Oca, falto de todo concurso y amenazado de una deserción total de su gente, en defenderse dentro de Vitoria.»

---

dramático y ponerlo en relación con la formal declaración de guerra sin cuartel que don Benito puso en sus labios.

[4] Fue un error que trajo malísimas consecuencias, pues indispuso al joven insurrecto con el Ayuntamiento, compuesto de personas sesudas y hartas de guerras. Como ya he dicho tengo ante la vista la fotocopia de los oficios sobre el asunto de los rehenes, según reza en los libros del Ayuntamiento de Vitoria. En 13-10 de 1841 el alcalde oficia por orden del Ayuntamiento a don Manuel Montes de Oca para que liberase al jefe político y otras personas, cuya prisión había disgustado al pueblo, en particular a los clérigos don Pedro Tercero y don Pedro Zárate. El alcalde comunica al Ayuntamiento que se ha devuelto sin contestar el original del oficio. El Ayuntamiento lo consideró, con razón, un desaire y desde aquel momento se mantuvo hostil o poco propicio al Gobierno provisional.

[5] *Montes de Oca*, ed. cit., pág. 47.

Casi nada puedo decir de las obras de Montes de Oca, pues o escribió poco o publicó muy poco. Mi interés no se proyecta a investigar respecto de un talento literario, sino a comprobar la afirmación de don Benito de que se había educado en la lectura de romances heroicos y libros de caballería.

Debió ser ésta una afirmación que Galdós recogió de la tradición oral, como solía, o una atribución imaginaria para fortalecer su tesis del poeta-político.

En el *Diario Mercantil de Cádiz* hay testimonios muy escasos de cuáles eran las preferencias literarias de Montes de Oca en su juventud. Sin embargo, son explícitas: romanticismo sentimental y vacuidad en el fondo, compatible con el criterio didáctico de los últimos neoclásicos.

Copio a continuación un soneto, que me parece clarísimo que es de Montes de Oca, que no firmó, porque en el mismo número hay una nota de él sobre educación, en la que explica qué sea el nuevo arte de aprender a leer.

El soneto a que me refiero y transcribo está dedicado a la niña Francisca de Paula Rosales, que fue a representar a Medina Sidonia, en beneficio de su padre, que estaba, así dice el diario, en la indigencia:

> *Danza, y a sus pies Tepsicore movía,*
> *y emulando la olímpica cadencia,*
> *su acción, su habla y juvenil presencia*
> *al coro y a los Dioses suspendía.*
>
> *«Sirvo en Sidón a la gentil Talía,*
> *por aliviar de un padre la indigencia».*
> *Dijo tierna, y angélica inocencia*
> *en sus donosos labios sonreía.*

Tú, que al octavo Abril ninfa brillante,
fuiste aplaudida en la Asidonia escena,
la musicademencia *no te espante:*

que como el sol la niebla, en lento paso
a sacudir naciste su cadena
y a restaurar las glorias del Parnaso [1].

Montes de Oca imitaba en su juventud a Reinoso, a quien profesaba gran admiración. De romanticismo exaltado, encuentro pocos testimonios literarios entre los que de su pluma he conseguido ver.

No obstante, hay en el *Diario Mercantil de Cádiz* del domingo, 5 de noviembre de 1830, un artículo en parte autobiográfico que acredita qué fina era la intuición de Galdós para alcanzar lo que debía de ser la persona retratada en el personaje aunque en la realidad no hubiera llegado a serlo, incumpliendo su destino personal.

«Yo soy hombre que adoro a las mujeres más que a las niñas de mis ojos, y cierto me hiere en ellas el que osa lastimarlas con invectivas y sarcasmos. Mas por mis negros pecados apesto a brea, y ya todos conocen que no es éste en el día el olor favorito de las damas, como nos cuentan los ancianos que era allá en los envidiados tiempos de *entonces.* ¿Qué haré para merecer las caricias del sexo encantador? Aunque soy joven mi figura no es en verdad la de Narciso, y mis labios, curtidos entre el alquitrán y el salitre, no pueden moverse con aquella flexibilidad dulce que tanto agrada a los predilectos de Cupido. Por otra parte, consulto mi corazón y me dice hasta en sus últimos repliegues que mi natural afición a las bellezas ha de ser eterna, y conozco que no me engaña, pues me irrita y amohina la *proclama de solterón,* y odio con todo el lleno de mi alma a esos chuscos dramáticos noveles, que ridiculizan a nuestras *lechuginas* entre los aplausos y carcajadas de la maliciosa muchedumbre. Quiero, pues, constituirme en de-

---

[1] *Diario Mercantil de Cádiz.* 20 de diciembre de 1828, pág. 2.

fensor de mis ingratas y ya que por mis muchas faltas y sobras no puedo participar en sus amores, al menos reclamaré con justicia su gratitud.

»Si observamos con imparcialidad a las mujeres notaremos que tienen dos aspectos: el *bueno* y el *malo*. El hombre, con su comportamiento, hace que resplandezcan con el primero o que las veamos enmascaradas con el segundo. Cuando servía en el pecho de nuestros infanzones el honor y la bizarría caballeresca, eran nuestras damas especies de deidades; pero ahora, si contemplamos de cerca a los unos y a las otras..., más vale callar al hombre, sólo al hombre culpo.»

La idealización de la mujer, el rendimiento caballeroso ante ella, honradez en la intención, alguna timidez, si no mucha, miedo a equivocarse y tendencia a encontrar la elegida por el solitario, son notas que se desprenden del texto y coinciden en lo fundamental con la visión galdosiana de Montes de Oca como personaje. Por último, la afirmación que he subrayado, echando de menos la época de infanzones, dueñas, doncellas y caballeros.

Todo peca de ingenuo, es innegable, pero Montes de Oca era muy joven. No sabemos con certeza si estas condiciones duraban cuando Galdós le describe. Parece que sí. Murió a los treinta y siete años, soltero, luchando por la Reina, a la que trata siempre con especial veneración.

Otras noticias hay en el *Diario Mercantil,* de las que se pueden sacar indicios de la condición moral y carácter del entonces alférez de navío. Cuando le nombraron procurador a Cortes el año 1834, los ciudadanos de Medina Sidonia hicieron unos festejos en obsequio de Montes de Oca. Según dice el suelto a que aludo, «se reúnen en orden los cristinos, unos buscan hachas de viento, otros saludan con vivas a las reinas, a los Estamentos y a un procurador, otros templan sus instrumentos y preludian las canciones alegres de la Patria, otros solicitan una serenata». Se decidió a dar la serenata. Se improvisó un himno, cuyo texto incluye el informador, y acudieron los entusiastas a casa de Montes de Oca donde estaba éste con otros amigos a las 11 de la noche, precedidos por los jefes de la milicia, acuden delante de los balcones del jovencísimo procurador, cantan y se desgañitan dando vivas, al fin sale al balcón Montes de Oca, «y desplegando una elocución robusta, con una voz dulce y clara arengó a sus queridos paisanos y especialmente a los beneméritos cristianos que tal alegría manifestaban en su elección... Dio las más expresivas gracias a todos, elogió decididamente a la milicia como el baluarte de las libertades patrias, ofreció esforzarse en su obsequio, y enterneció con patética arenga a los oyentes hasta hacerles derramar lágrimas tiernas.

Al día siguiente, viernes veintiséis, los ciudadanos de Medina Sidonia, que en el mes de septiembre no tenían, por razones de comercio y pesca, demasiado que hacer, volvieron a repetir los parabienes y «el representante de la provincia a reiterar parecidos conceptos» [2].

Pues bien, en toda la descripción de los actos se percibe un fondo de ternura, juventud y familiaridad que dice algo, a mi juicio bastante, sobre el carácter del que había de ser víctima de los arranques de energía, imprevisibles y exagerados, del general Espartero.

Galdós intuyó estas peculiaridades de la condición de Montes de Oca, si no es que tuvo la referencia directa de alguien que le hubiera conocido. De cualquier modo la expresión literaria de la intuición o del conocimiento reflexivo la ha formulado con sumo acierto.

Otro documento literario conozco de Montes de Oca, prácticamente desconocido, al que me referiré brevemente, porque algo se obtiene de él para la averiguación de cómo era el personaje real que está detrás del personaje de ficción.

En Mallorca, en la imprenta de don Felipe Guasp, el año de 1831, editó, sospecho que a su costa, el alférez de navío don Manuel Montes de Oca, un folleto en 8.º de sólo quince páginas, titulado *Sátira contra las óperas del día.*

---

[2] *Diario Mercantil de Cádiz.* Domingo 5 de octubre de 1834.

La encabezan unos versos de Luzán, de cuya preceptiva hay huellas claras en el texto. No tiene, a mi juicio, el folleto a que me refiero ningún valor artístico. Conserva el de su mucha rareza y el que tiene para nosotros como testimonio autobiográfico que puede confirmar o rechazar la tesis de Galdós acerca de las ideas arcaico-heroicas del marino.

Es el folleto, como su título dice, una diatriba contra las óperas y los lechuginos o boquisabios que las oían, comentaban, repetían y aplaudían. El tema fundamental es el afeminamiento de los jóvenes auditores de óperas y el olvido del rigor y virtudes de los antiguos castellanos.

Con mengua de la raza castellana
suena a moscón si imita al sapo
si donna tiple a disonante rana.
....

Tú, nata y flor del coro galispano
tente y permite que admirado vea
los trece anillos en la blanca mano;
con ella tú las óperas solfea
mientras yo grito con robusto pecho:
De todas la mejor maldita sea.
....

Si midió mente berroqueña el cielo
muerde mis versos, pero no los rayes
que yo recuso tu infeliz cerbelo.
....

Allá en Sagunto pega la constancia
mas hoy es moda revolviendo el sayo
evitar las pavesas de Numancia.
....

Musa proterva tente por tu vida.
¿Y si despierta España en vil tutela
del letargo en que yace embebecida?

Fuera chanzas que ver me desconsuela
que es ya el anciano fútil papagayo
y el infanzón raquítima mozuela.

....

Y plegue al cielo que al sentir mi tunda
recobre su vigor la gran Castilla
y caiga a silbos la función inmunda.

Como el lector puede inducir sin mayor esfuerzo, la personalidad profunda de Montes de Oca y en parte también el carácter, coinciden, desde muy joven, con lo que Galdós intuyó o perfiló sobre lo que le dijeron [3].

El carácter romántico de Montes de Oca no hay que vincularlo inexorablemente a un enamoramiento exaltado e ideal respecto de la Reina María Cristina. Tanto el romanticismo exagerado, como el amor quijotesco, lo indujo Galdós del hecho, admitido por los autores contemporáneos, de que María Cristina era el «ídolo» de Montes de Oca. Pero «ídolo» significa, a mi juicio, en este caso, la

---

[3] El señor Regalado García, en su obra *Benito Pérez Galdós y la novela histórica española: 1868-1912,* Madrid, 1966, sostiene que «la precipitación a que se condenaba Galdós por su prisa de llevar a la prensa en dos años diez volúmenes con la reconstrucción histórica de uno de los períodos más densos en motivos de paz y de guerra del siglo XIX, le obligó a fiarse de los libros que tenía a su alcance sobre los puntos que novelaba; y según la información de que dispone en cada caso y de su preparación y posibilidades para digerirla y asimilarla, son los resultados que obtiene, pues se ve que unos aspectos los domina mucho mejor que otros. Se muestra, por ejemplo, bien informado del ambiente literario del romanticismo y de las campañas de Cabrera, y al contrario con muy deficiente documentación respecto a la guerra en el Norte y las luchas políticas entre progresistas y moderados. Las precedentes consideraciones permiten entender la superficialidad con que trata muchos de los hechos históricos, sus dificultades, con frecuencia no vencidas, para ofrecer visiones aceptables de conjunto, y la facilidad con que acude a fuentes acreditadas, como Larra y Mesonero Romanos, en sus respectivos campos, para salir de aprietos que debía haber resuelto con su personal preparación» (págs. 315-316). A mi parecer, los juicios del señor Regalado no son en este caso aceptables. Como vamos viendo en el Episodio que analizamos y veremos con referencia a otros, el trabajo de documentación, don Benito era extraordinario y más que suficiente para sus fines.

concreción del amor a la monarquía, a España y el entusiasmo por las ideas moderadas.

Nadie se atrevió a decir nunca que hubiera nada censurable en la devoción de Montes de Oca, que en la culminación de su entusiasmo por la Reina, cuando ésta secundó el enfrentamiento de los moderados contra Espartero, en 1840, tenía que saber que María Cristina estaba casada y bien casada con don Fernando Muñoz[4]. Por otra parte, la personalidad de la Reina no era propicia a enamoramientos románticos. Sus relaciones con Muñoz fueron especialmente «burguesas», desde la elección, que recuerda el apartamiento del semental que parece mejor, hasta la suma decencia de sus relaciones y la atención permanente a los beneficios económicos. Con razón dice C. Seco Serrano que así como *Zumalacárregui* es en el Episodio de una nobleza extraordinaria «mucho más convincente que la figura de Cristina, la Reina Gobernadora que pasa con frecuencia por estos episodios de la tercera serie, plena de sugestión y de belleza, pero sin ganarse nunca del todo la confianza de Galdós, aunque éste nos la presente entre luces y sombras»[5].

---

[4] En el libelo que a continuación menciono, no se cita para nada a Montes de Oca. El presunto autor —don Fermín Caballero, según afirma don Cayetano Rosell— no hubiera dejado de mencionarlo. Este folleto que apareció sin portada ni fecha, lleva por título *Casamiento de la Reina Cristina con Fernando Muñoz. Adicionado con un documento interesante y otros pormenores*. No sé si Galdós le conocía, en cualquier caso contribuye a demostrar el acierto de don Benito en cuanto a lo que en el texto decimos acerca de la Reina María Cristina.

[5] Presenta así Galdós a la Reina: «Era sin disputa la más salada de las reinas. Su venida fue el más feliz suceso para España, y su belleza el resorte político a que debieron sus principales éxitos la Libertad y la Monarquía. Su gracia sonriente enloqueció a los españoles: muchos patriotas furibundos a quienes las malas artes de Fernando habían hecho irreconciliables, desarrugaron el ceño. Antes de tener enemigos encarnizados, tuvo partidarios frenéticos... Lo que llamamos *ángel* teníalo Cristina en mayor grado que otras prendas eminentes de la realeza, y todos hallaban en ella un hechizo singular, un don sugestivo que encadenaba las "ánimas".» *Mendizábal*, Madrid, 1898, pág. 163. La certera observación de Seco Serrano en «Los *Episodios Nacionales* como fuente histórica», en *Cuadernos Hispanoamericanos*, octubre 1970-enero 1971, números 250-252.

La persona de don Manuel Montes de Oca se va perfilando como la de un idealista que no pierde nunca la sensatez ni el sentido de la responsabilidad, ni falta a sus principios y obligaciones de caballero. Considerémosle como un «moderado idealista». Para él la Reina María Cristina, era la encarnación —bella, graciosa, próxima e intocable— de los principios moderados. Devoción al trono, mantenimiento de la autoridad y el orden, profesión de catolicismo, respeto a la tradición y aceptación del progreso, eran los principios que defendían los moderados que de verdad merecían el nombre, entre ellos Montes de Oca. Esta clase de personas esencialmente patricias, que provenían de ciudades pequeñas en las que estaban arraigadas desde siglos ejerciendo una autoridad paternal e, incluso, paternalista, fueron oscurecidas por los moderados advenedizos. Es fácil descubrir en el seno del grupo moderado las dos clases de conductas e interpretaciones.

Según esto, el ministro de Marina de la Reina madre no fue un romántico exaltado al que se pueda comparar con Espronceda. Mejor parece la continuación del movimiento ilustrado y de la mente neoclásica dentro de las innovaciones románticas.

Galdós parece que se dio cuenta de esto, pues en el Episodio, antes del brevísimo proceso y muerte, presenta a Montes de Oca como un hombre serio, tranquilo y responsable. Durante el proceso y las horas de capilla nada cambia, al contrario, la sensatez sube de punto y no hay ningún gesto que descomponga, por la exageración romántica, la claridad y precisión del protagonista y de la escena.

Don Benito no destruye ni un solo momento la personalidad equilibrada del personaje que da contenido y sentido al Episodio. Por intuición descubre, en este caso, la persona que quiere convertir en personaje. De no haber empleado la expresión «romántico», que es confusa, y la de «poeta», que también lo es, hubiera formulado con más claridad su interpretación, acertadísima, de la personalidad del personaje cuyo nombre titula el Episodio.

Don Benito no presenta en el relato a ningún Montes de

Oca romántico exagerado, sino a un idealista que tiene los pies en el suelo, sabe lo que quiere y se comporta, de acuerdo con su educación, como un «caballero», poniendo en la palabra connotaciones tradicionales que responden a los modelos históricos forjados por la cultura del tiempo.

A través de las intervenciones de Montes de Oca en el estamento de procuradores y en las Cortes después del año treinta y siete, se induce mucho de su carácter.

Siendo procurador por Baleares —había optado por las islas— le ocurrió un incidente, que cuenta Bermúdez de Castro, que don Benito hubo de leer. Salía Martínez de la Rosa, presidente del Consejo de Ministros, del Congreso, cuando una turba gritadora, amenazante y armada quiso atentar contra él. La serenidad del presidente y más que el arrojo, el valor sereno de Montes de Oca, salvaron la situación. Este último se impuso, prácticamente solo, hasta que llegaron algunos soldados.

Al día siguiente Montes de Oca interpelaba al Gobierno y de su interpelación es el siguiente párrafo:

«Yo, señores, no hago esta reclamación por mi propia seguridad. Acostumbrado desde mi tierna infancia a despreciar mi vida, tengo en muy poco el puñal de los asesinos, y por conservar el orden me sacrificaré gustoso en defender la patria. Levanto sólo mi voz para reclamar enérgicamente que a todo trance se mantengan ilesas la libertad e independencia que deben gozar mis dignos compañeros» [6].

La preocupación de Montes de Oca por el orden, garantía, según repitió varias veces, de la libertad, era casi una obsesión. Las condiciones de la profesión de marino de guerra, entre las cuales la obediencia y el orden son esenciales, más su educación y vivencias de patricio en una ciudad en que su familia ejercía, con pocas más, el patriciado, le hacían un adepto fervoroso del orden, signo según él de respeto, buena crianza y paz social. Dentro del respeto

---

[6] *Diario de Sesiones.* Estamento de procuradores. Martes 12 de mayo de 1835, núm. 214, pág. 2.508.

al orden establecido, la libertad era para don Manuel imprescindible, lo mismo que la benignidad, el amor a los humildes y el altruismo.

En enero del mismo año, había dicho don Manuel:

«Tengo para mí como verdad incontrovertible, que a la madurez de la edad acompañan, generalmente, la experiencia, la cordura, la templanza: preciosos elementos de subordinación y de orden. En la Guardia Nacional, a par que la fuerza física, debe robustecerse el influjo moral de la prudencia y la sabiduría, que la dirijan útilmente, preservándola de los funestos extravíos a que puede la irreflexión arrastrarla, seducida por el encanto de las pasiones» [7].

No son palabras propias de un romántico, mejor de un moderado, idealista, impregnado del convencimiento de sus ideales. Por otra parte, y esto en nada contradice a lo anterior, Montes de Oca tenía un gran sentido práctico. Su paso por el Ministerio de Marina arregló muchas cosas y puso los fundamentos para arreglar otras [8].

El discurso en el Parlamento que mejor define el criterio y el carácter de Montes de Oca es el que se refiere a los estados de sitio, suscitado con ocasión de discutir la respuesta al discurso del Trono en marzo de 1840 [9]. Citaré algunos párrafos que muestran la madurez intelectual y política de Montes de Oca por estas fechas y la claridad y concreción de sus ideas:

«No puede el Gobierno recurrir al único medio que tiene en circunstancias extremas para conjurar las tempestades que amenazan sumergir la nave del Estado. La hay, seño-

---

[7] *Diario de Sesiones.* 11 de enero de 1835, pág. 370.

[8] V. el discurso de 23 de febrero de 1838, en *Diario de Sesiones,* págs. 982 y siguientes. De este discurso es la siguiente frase que ayuda a entender las ideas de Montes de Oca: «El comercio no se fomenta sin seguridad, la seguridad nace de la fuerza pública y esta no puede extenderse a los mares, sino por medio de los bajeles de guerra.»

[9] *Diario de Cortes.* Congreso, 29 de marzo de 1840, págs. 778 y siguientes.

res: hay una ley superior a todas las leyes, hay una ley que no pueden derogar ni los Reyes ni las naciones, y es la ley de la salvación del Estado. Se dirá, señores, que en nombre de esa ley se han cometido crímenes horribles; pero yo diré que también se han cometido crímenes atroces en nombre de la libertad y de la religión, y no por eso la libertad y la religión dejan de ser objetos muy sagrados, ni son fantasmas vanos, ficciones aéreas, ni menos entes de razón. Existe esta ley, y existirá mientras exista el derecho sagrado de la propia conservación, así en las naciones como en los hombres.»

En el mismo discurso, párrafos más adelante:

«Todo el mundo sabe, señores, que sin orden la libertad es una quimera, pero una quimera espantosa que derrama torrentes de sangre.»

Y por último, este otro párrafo, que denuncia cómo iban evolucionando sus principios moderados año y medio antes de su muerte:

«En cuanto a mí, sé decir que haya o no estado de sitio, suspendería un periódico siempre que un periodista se desmande hasta el extremo de dirigir artículos infames e injuriosos contra la Majestad del Trono, contra la Regencia de nuestra augusta Gobernadora, contra la Constitución del Estado, o contra cualquiera de los Cuerpos Colegisladores; mi opinión constante sería que inmediatamente se le arranque la pluma de la mano y se suspenda cualquier periódico que así obre, sin perjuicio de dar cuenta inmediatamente a las Cortes y pidiendo, si necesario fuere, un *bill* de indemnidad hasta que por medio de una ley se salven tan sagrados objetos de los tiros de la maledicencia.»

Hay por último una vena irónica, sutil pero peligrosa, en Montes de Oca que don Benito no percibió o no denunció, e hizo bien, pues cuando le describe poco o nada debía conservar de ironía su mente agobiada de responsabilidades y preocupaciones.

Si reflexionamos sobre este Montes de Oca moderado, inflexible, paternal y superior, que estamos descubriendo, se evidencian las raíces ilustradas de su educación.

Como la mayoría de los hijos de las familias de la alta burguesía provinciana española del tiempo, Montes de Oca había sido educado por preceptores que provenían de la Ilustración. En los poquísimos escritos juveniles que de Montes de Oca conocemos, se nota la huella. Además, la Marina era modelo de oficialidad inteligente e ilustrada. La propia familia de don Manuel estaba en el ámbito de la cultura de la Ilustración. Un hecho concreto lo atestigua. Perseguido don Félix Reinoso y difamado con la acusación de ser amigo de los franceses, algunos clérigos y caballeros de Cádiz y Medina Sidonia le protegieron. De modo directo y eficaz, un tío de Montes de Oca.

El contacto del joven marino con Reinoso debió ser frecuente y lo mismo con Lista, gran amigo de Reinoso. De cuánto quería Reinoso al infortunado don Manuel, da idea la siguiente observación sacada del prólogo que antecede a las obras de Reinoso en la Colección de Bibliófilos Andaluces:

«El poeta, cuyos ojos no se habían enjugado en muchos años, anuncia que su vida acabaría "rendida a uno y otro dolor, como cede el antiguo roble a los golpes repetidos de la segur», pronóstico que se cumplió y que le hubiera costado nuevos ríos de lágrimas, si el cielo piadoso, no abreviando sus días, le dejase ver los inmediatos en que murieron trágicamente el marino Montes de Oca y otras víctimas del año 41» [10].

Las relaciones de Montes de Oca con estos ilustrados a quien su familia, concretamente a Reinoso, había protegido,

---

[10] Obras de don Félix José Reinoso. Tomo I, poesías, año de 1872. Sevilla, Colección de Bibliófilos Españoles. Prólogo de Antonio Martín Villa, pág. CIXLI.

explica que siendo muy joven escribiera una «Oda a la concesión del puerto franco de Cádiz», imitando a Quintana, que contiene en germen lo que siempre había de ser Montes de Oca, un patricio caballero, más ilustrado que romántico, capaz de entregarse por completo a una idea [11].

La idea, yuxtapuesta por Galdós a su acertadísima inducción e intuición de cómo era la personalidad de Montes de Oca, del político poeta establece dos niveles para interpretar al personaje; uno que tiende a coincidir con el marino en cuanto persona y personaje de sí mismo, otro que se refiere a un político poeta que conecta con Montes de Oca en los últimos momentos de la fracasada insurrección. Don Benito hizo que descansara todo el episodio en el martirio y muerte, y formuló una tesis que no se aviene con su propia intuición y documentación, quizá para desligarse de la seducción que el personaje ejercía sobre él.

Llegaré a la consecuencia, ya anticipada en otras páginas de este ensayo, que el Episodio *Montes de Oca* constituye una excepción, en cuanto es el Episodio-caso. Se trata, en puridad, del caso de Montes de Oca en lo que concierne a su personalidad, sublevación y muerte. Lo demás del Episodio es tramoya e hinchazón. Incluso la tesis del político-poeta parece pegadiza y ocasional, como si el autor quisiera también, con este motivo, deshacerse de la obsesión por el personaje.

No quiero insistir en la mucha documentación que Galdós acopió para los *Episodios*, además de las «fuentes vivas» [12],

---

[11] *Suplemento al Diario Mercantil de Cádiz* del domingo 14 de junio de 1829. Complementa y confirma cuanto vengo diciendo, el dato que da el periódico *El Conservador* (de Madrid), en la necrología que publicó de Montes de Oca en 31 de octubre de 1841, págs. 18-19. Dice el anónimo autor: «Tradujo y publicó en buenos versos castellanos algunas églogas de Virgilio, é hizo otras muchas composiciones poéticas, entre ellas una elegía a la muerte de su amigo el célebre literato D. Félix José Reinoso, que permanecen inéditas», aunque he hecho muchas diligencias, no he conseguido hallar el actual poseedor de los Mss. de Montes de Oca.

[12] Hay un excelente resumen del modo de averiguar qué tenía don Benito, en el trabajo de Reginal F. Brown «El espesor del realismo en Galdós», en *Actas del Primer Congreso Internacional de Estudios Galdosianos.* Madrid, 1977, pág. 220-229.

pero sí quiero atestiguar que en el caso de Montes de Oca lo sabía todo. Desde luego más de lo que nosotros sabemos ahora. Conocía muy bien la persona, extraordinariamente bien la sublevación, prisión y muerte.

En el caso de Montes de Oca, Galdós rechazó una fuente a la que acudía con frecuencia, los periódicos. Bastaba con haber seguido un periódico que Galdós conocía muy bien, *El Conservador,* para haber tenido a la mano, algo revueltos, los principales acontecimientos y todos los papeles oficiales que se publicaron en relación con el levantamiento. Sin embargo, don Benito se atuvo a las fuentes historiográficas principales, de las que ya hemos hecho mérito, y añadió o sobreañadió pormenores insólitos que proceden a no dudarlo de una información personal que desconocemos.

En cuanto se refiere a informaciones personales, con relación a Montes de Oca, el único dato que tengo es la petición de Galdós a Combra García, pidiéndole información. La carta de Galdós no se conoce, la respuesta de Combra García sí. Es una declaración de ignorancia total.

Esta familia Combra tenía amistad con el señor Thebussem, que la dedica uno de sus artículos y con Galiano. Quizá uno de estos últimos fue el informador de donde vinieron a Galdós los pormenores sobre la persona y vida de Montes de Oca, que no encontramos en los libros. Lo cierto es que pedía a Combra un retrato de Montes de Oca y no lo consiguió. Galdós describe sin minuciosidad y con vacilaciones a su héroe, así que no debió encontrar quien le dijera con rigor cómo era. Sin embargo, a mi juicio, hubo persona o personas que conocían muy bien al marino, que refirieron a Galdós parte importante de su vida, pasión y muerte. Conociendo, aproximadamente, hasta dónde llegaba don Benito en la invención de pormenores personales respecto de los personajes históricos novelescos de primera fila, tengo la sospecha que hubo alguien que le contó:

a) Que el día de su muerte al irse a levantar Montes de Oca de la cama, para ir al suplicio, dijo: «Será tarde... y yo aquí con esta calma... Fuera pereza.»

b) Que cuando los miñones le llevaban preso, le pidieron el dinero que tuviera y «dio Montes de Oca una prueba de buen gusto y de austera dignidad evitando toda discusión sobre el infame despojo, y entrególes sin el honor de una protesta ni de un comentario, la culebrina en que llevaba unas cuentas onzas que no llegaban a diez, y alguna plata menuda» [13].

Tantos pormenores serían ajenos a la dignidad con que Galdós trata a sus personajes, si fueran inventados.

c) Que era lector infatigable de romances heroicos y libros caballerescos.

d) Que era persona sumamente aseada y cuidadosa de sí, con otras menudencias como que tenía espléndida cabellera, larga y sedosa, etc., etc.

Algún curioso, más tenaz o afortunado que yo, nos descubriría algún día quién o quiénes informaron a Galdós.

Hay que no echar en olvido el menosprecio que Galdós sentía por quienes cultivaban la quincallería erudita, por el puro placer de acopiar datos, sin darles utilidad creadora alguna. Las cartas del egoísta y medroso hermano de doña Perfecta son un modelo de descripción de esta clase de coleccionadores de lo superfluo, que abundan en nuestro siglo XIX, al igual que en toda Europa [14]. Para Galdós el pormenor histórico no tenía significado erudito. Era una pieza que ayudaba a construir y sostener el edificio.

Cuando Galdós escribía la tercera serie de los *Episodios,* estaba subiendo la marea regeneracionista y la influen-

---

[13] *Montes de Oca,* ed. cit., pág. 265-66.
[14] Sospecho que las cartas a que aludo en el texto (v. *Doña Perfecta.* Madrid, 1881, 3.ª ed., págs. 269-278), son una parodia de las cartas de don Juan Valera. El parecido estilístico es mucho y la voluntad de parodiar bastante clara. Valera hizo caso omiso de Galdós, a quien miraba con desdeñosa superioridad, hasta el punto de escribir en julio de 1878 a Menéndez y Pelayo: «¿Quiere usted creer que nada he leído de ese fecundo y celebrado novelista?». Actitud que, al parecer no cambió hasta 1883, en cuanto a su ingreso en la Academia se refiere y no porque estimase demasiado a Galdós. Don Benito, que tenía mucho de socarrón y no debía sentir demasiado respeto por la petulancia llena de egoísmo de Valera, le parodió en las cartas a que me refiero (v. Dionisio GAMALLO FIERROS, «La Academia, Galdós y Menéndez y Pelayo», en *ABC,* 10-12-1970).

cia de Costa sobre su pensamiento es perceptible. En *Zuma-lacárregui* las cuestiones disputadas sobre moral y política son frecuentes. En *Montes de Oca* se lee una frase contundente, diríamos que definitiva, aludiendo a la profundísima decepción de don José del Milagro quien fue acusado por los amigos de no entender la mecánica electoral, de haber conducido a las urnas al rebaño votante con el modo y paso de la más candorosa legalidad y de una corrección infantil. Por no parecerse a los moderados había dejado indefensa la candidatura del amigo, y él quedaba como un modelo de la probidad más imbécil. «Tal era el criterio de la llamada razón política, enteramente reñido *et nunc et semper,* con toda idea moral» [15].

En el pasaje de la política vaciada, ahora y siempre, según don Benito, de sustancia ética, don Manuel Montes de Oca descollaba como pino solitario en un arenal. Sin embargo, Galdós no le salvó de la crítica en cuanto a la eficacia política para sacar del pozo en que estaba la dolorida y agrietada España. Su caso no le pareció de «imbécil probidad», pero sí, aunque no lo diga, de «ilusa probidad».

Que esta «ilusa probidad» le atara a ídolos que le dejaban morir y causas que servían a los demás de peldaños para medrar, siendo hombre práctico y con dotes de mando y de gobierno, es algo tan complejo y se ancla en una intimidad tan poco común, que Galdós prefirió no llegar a las contradicciones y presentar un personaje más homogéneo que la persona, aunque es difícil admitir que lo consiguiera.

---

[15] *Montes de Oca,* ed. cit., pág. 193.

VII

Por último, al margen del estudio de las fuentes propiamente dicho, haré algunas observaciones sobre la consideración que ha merecido Galdós historiador. Quizá estas páginas sean una justificación de las horas empleadas, quitándolas de otros quehaceres, en rastrear las fuentes de Montes de Oca.

No es mal comienzo, a mi modo de ver, fijarnos en el cambio de opinión de un estudioso de la obra de Galdós del mérito de R. Ricard. En un primer artículo del año 1935, Ricard aceptaba, aunque con alguna vacilación, que Galdós estaba mal o superficialmente informado cuando escribía los *Episodios Nacionales*.

El propio Ricard demostraba en esta fecha que Galdós, para escribir *Aitta Tettauen,* había utilizado una fuente hasta entonces ignorada: el famoso libro de en-Nâsiri, que para sus fines le tradujo en parte don Ricardo Ruiz Orsatti. Del propio artículo de Ricard se desprende que Galdós ponía un empeño minucioso en la búsqueda de las fuentes más apropiadas a cada caso. Sin embargo, en esta fecha, en 1935, escribió esta frase: «Nous savons par d'autres travaux que Galdós ne s'embarrassait guère d'investigations compliqués et se contentait de l'information la plus banale» [1].

---

[1] Ricard se refiere, cuando cita a otros autores, a Emilio G. GAMERO Y DE LA IGLESIA: *Galdós y su obra,* Madrid, 1933. T. I., «Los Episodios Nacionales». He de advertir que el mérito crítico de este libro es casi nulo. El autor desconocía el trabajo de información que don Benito hacía para cada *Episodio* en general y cada personaje «histórico» en particular. El descuido llega al extremo de equivocarse en puntos importantes en los brevísimos resúmenes que da de los *Episodios.* Este es el caso con relación a *Montes de Oca.* El trabajo de R. Ricard al que me refiero en el texto es «Notes sur le genèse de l'«Aitta Tettauen» de Galdós», en *Bulletin Hispanique,* XXXVII (1935), págs. 473-77.

Sin embargo, en otro artículo del mismo autor publicado años después, uno de los más interesantes que conozco para entender cómo aprovechaba Galdós el material histórico que poseía, titulado «Structure et inspiration de *Carlos VI en la Rápita*», Ricard reconoce que Galdós «est un écrivain plus minutieux qu'on ne le croit quelquefois»[2].

Esta rectificación, pues, a mi juicio, como una rectificación cabe entenderlo, se impone cada vez más. *Montes de Oca* es una excepción por la intensidad y concentración de la documentación histórica en una parte de un *Episodio* y en un personaje histórico, pero realza y no disminuye la asombrosa capacidad de lectura y síntesis de Galdós, su apego a los hechos históricos y su mente de historiador que a veces sobrepasa a sus facultades de novelista[3].

Vázquez de Arjona, que con tanto empeño ha estudiado las fuentes de los *Episodios Nacionales*, en el artículo «Un *Episodio nacional* de Galdós, *Bailén*: Cotejo Histórico»[4], decía que no era su objeto exclusivo tratar de hallar

---

[2] V. R. Ricard, «Structure et inspiration de Carlos VI en la Rápita», en *Bulletin Hispanique,* LXVII (1955), págs. 70-83.

[3] Sarrailh, Jean, había en 1921, en un artículo publicado en el *Bulletin Hispanique* (págs. 38-48), analizado algunas fuentes de *Cádiz,* subrayando la fidelidad de Galdós a los libros publicados por quienes estuvieron en Cádiz durante el asedio de la plaza por el ejército de Napoleón. Sarrailh no pudo desprenderse de la idea de la imaginación creadora «que vivifica» la historia, sin percatarse de los esfuerzos de Galdós por contener la imaginación cuando tropezaba con el dato histórico.

Bataillon («Les sources historiques de Zaragoza», *Bull. Hispanique,* 1921, págs. 129-141), cuya crítica y método nunca se empañaron por la generosidad hacia España o la cultura española, analizando las fuentes históricas de *Zaragoza* saca dos conclusiones que no son ciertas: una, que Galdós era un vulgarizador. A duras penas se puede dar en nada más fácil y falso. Galdós quería seducir y educar para el amor a España y entender él objetivando sus dudas y hacer entender a los demás, las complejidades y las contradicciones españolas. El segundo error está en la afirmación que el conocimiento por Galdós del libro de don Agustín Alcide Ibieca, cuyo III tomo es riquísimo en documentos, «le había permitido poner en *Zaragoza* mayor espesor de historia que en ningún otro Episodio». La situación descrita y no las fuentes, definieron la técnica de Galdós. En *Cádiz,* a juzgar por lo que hoy sabemos de las fuentes de este Episodio, hay más espesor de historia.

[4] *Bulletin Hispanique,* T. IX (1932), págs. 116-123.

«las fuentes en que se inspiraba Galdós en lo tocante a la parte histórica de su obra, aunque en muchas ocasiones creamos haber dado con ellas, sino más bien tratar de hacer notar si la parte histórica del *Episodio* coincide o no con lo que sobre los mismos asuntos cuenta la historia».

Que los relatos de Galdós siguen la historia sin apartarse de ella un ápice en lo que a los hechos significativos toca, quedaba muy claro después de los estudios de Arjona, pero siempre ha permanecido la duda en lo que atañe a las fuentes: ¿Una, pocas o muchas fuentes?

El problema lo planteó con la mayor crudeza G. Boussagol [5]. Este lector curioso encontró por casualidad el conocidísimo libro de Zaratiegui, *Vida y hechos de Zumalacárregui* [6]. Dice Boussagol: «J'ai voulu citer longement mon auteur pour l'acréditer comme source principale, presque unique, du *Zumalacárregui* de Galdós.»

Más adelante insiste: «Galdós habría podido utilizar otras fuentes, de las que no se podría hacer fácilmente la lista..., pero se puede concluir que la documentación de Galdós se apoya de modo único y casi exclusivo en Zaratiegui» [7].

La opinión de Boussagol se ha repetido con frecuencia, echando raíces la especie de que Galdós leía un libro, acertadamente elegido, y no se separaba de él. Según este criterio, *Montes de Oca* sería una excepción. Sin embargo no lo es, salvo el especial cuidado que don Benito puso en el relato de la prisión y muerte. Galdós se informaba de un modo extraordinario, hasta el extremo de resultar difícil explicarse cómo en el poco tiempo que tardaba en escribir un episodio, podía documentarse tanto. Apoyándome en esta idea he sospechado a veces que los diecinueve años de silencio que median entre el fin de la segunda serie y el comienzo de la tercera con *Zumalacárregui* no fueron de olvido de los *Episodios Nacionales* y voluntad de no reincidir en ellos. Las explicaciones de por qué volvió

---

[5] «Sources et composition du *Zumalacárregui*», en *Bulletin Hispanique* (1924), págs. 241-264.
[6] Madrid, 1845.
[7] *Art. cit.*, pág. 259.

a ellos en 1898, de repente y sin preparación no concuerda con lo mucho que don Benito sabía y las muchas fuentes, principales y accesorias, que manejó. Cabe admitir que durante estos años guardase el material más curioso, se informara oralmente y se fuese preparando, por si acaso tenía que reemprender el quehacer. Yo diría que del propio archivo particular de Galdós se desprende esta idea.

De cualquier modo que sea, hasta que pueda justificar lo que acabo de decir, conviene aclarar que don Benito conocía personalmente a Zaratiegui, cuya conversación fue más importante que el propio libro. Tiene también suma importancia lo que Galdós tomó del tantas veces citado Pirala, más las *Memorias* de Fernández de Córdoba[8], que no dejó un momento de la mano, amén de Galiano y Miraflores a los que siempre recurría; a esto hay que añadir periódicos, folletos, anécdotas y recuerdos de supervivientes de la guerra y años en que luchó Zumalacárregui.

El juicio de Bussagol es apresurado e hijo del desconocimiento de la literatura política de la época. Es cierto que don Benito solía tomar uno o dos libros de guía cuando eran veraces y suficientes, pero añadía incalculable lectura complementaria y viajes a los lugares en que se desarrolló la acción, más cartas y conversaciones con los testigos o poseedores de pruebas documentales que le servían a veces para corregir el libro principal[9]. Sí, y esto ocurría pocas

---

[8] FERNÁNDEZ DE CÓRDOBA: *Mis memorias íntimas.* Madrid, 1886-1889 (hay otra ed. de 1899-1903, también en Madrid).

[9] Análogo o parecido es el caso del Episodio *Gerona,* interpretado por José M. Ribas. Para este autor, fundándose en una anotación en el reverso del folio 128, el único que queda del manuscrito de *Gerona,* Vacaní fue la fuente directa primordial, si no la única de primera mano, para preparar el Episodio (V. José M. RIBAS: «El Episodio Nacional "Gerona", visto por un gerundense», *Anales Galdosianos,* IX, 1974, Universidad de Tejas, págs. 151-161). Antes que el señor Ribas, Vázquez Arjona, a quien nos referimos en el texto, había documentado *Gerona* y cita tres fuentes que Galdós, a mi juicio, utilizó: Miguel de HARO, *Relación histórica de la defensa de Gerona en 1808 y 1809;* J. GÓMEZ DE ARTECHE, *Discurso en Elogio de Alvarez,* y la *Guerra de la Independencia,* del mismo autor y, particularmente, G. MINALI, *Historia militar de Gerona,* Gerona, 1840. El señor Ribas no cita estas y otras fuentes.

veces, algún personaje se adueñaba de él, buscaba con más ahínco y aumentaba las fuentes de conocimiento, como en el caso de don Manuel Montes de Oca.

Ha habido la permanente tentación de juzgar a Galdós, en cuanto autor de los *Episodios Nacionales*, sin tener en cuenta su información respecto de los hechos y personajes que describe. Aunque el juicio o comentario sea o pretenda ser exclusivamente literario, comentando los *Episodios*, es inexcusable conocer las fuentes documentales de Galdós. En el caso contrario es fácil deslizarse hacia la exageración o la arbitrariedad respecto de los juicios de Galdós o la conducta e ideas del personaje.

Clarín escribía en abril de 1900 a Galdós una carta que, como todas las suyas a don Benito, parece apresurada e irreflexiva. Con frecuencia, la amistad, la admiración, el respeto y el cariño unidos, ocasionan una alegría superficial que se resuelve en prisa por decir todo, sin que llegue a preocuparle nada, a la persona a quien se quiere y admira. Quizá por esto Clarín dice a Galdós: «No he recibido *Montes de Oca*. ¿Qué es *Montes de Oca*? ¿Es el señor aquel que fusilaron, creo que en Vitoria o Pamplona? ¿O es lugar? Ya veremos. Es claro que cuando salga hablaré del libro en muchas partes» [10].

Así hizo, y en *Los Lunes del Imparcial* publicó, en 14 de mayo de 1900, un comentario apresurado sobre el *Episodio*.

Clarín, al fin y al cabo persona de mucho talento, se dio cuenta de algo esencial y lo expresa con acierto; que pocas veces «se entrega Galdós a un héroe: rara vez renuncia a la frialdad de los distingos, a la reserva que imponen las imperfecciones humanas; pero cuando de veras le "llena" un personaje, real o fingido, nadie como él sabe metérnoslo por el alma» [11].

---

[10] V. Soledad Ortega: *Cartas a Galdós presentadas por —*, Madrid, 1964, pág. 289.
[11] V. Los *Lunes del Imparcial*. Madrid, lunes 14 de mayo de 1900, en la sección «Revista literaria». En el *Heraldo de Madrid*, Luis Bello, más minucioso y mejor conocedor de la Historia decimonónica

Partiendo de aquí, Clarín tenía casi la obligación de decirnos quién fue y cómo era Montes de Oca, pero no lo averiguó e hizo un comentario inteligente, pero sin llegar a lo esencial. Ni el propio Clarín podía hacer un cesto sin mimbres.

El profesor Montesinos, da una imagen de Montes de Oca que no coincide, fundamentalmente no tiene nada o casi nada que ver, con la de Galdós, aceptando el casi para dejar paso a lo más trivial.

Dice Montesinos que «en aquella galería de exaltados paranoicos era preciso incluir este ejemplar», refiriéndose a Montes de Oca [12].

Llamar al general de Marina que sirvió de héroe a Galdós «exaltado paranoico» es un dislate que ni se aviene con la verdad histórica, ni con el relato de don Benito. Galdós hace que Montes de Oca se llame a sí mismo loco, pero en un momento de autojustificación, porque los otros posibles conjurados le han dejado solo. En otros momentos del relato califica de loco el intento del rebelde, pero en un tono singular de admiración y admonición cariñosa al personaje. Galdós conocía bien la persona de Montes de Oca, que nada tenía de loco, en el sentido que Montesinos da a la palabra.

En otra ocasión, en la misma obra, repite el mismo profesor el concepto, con un matiz distinto, «ilusos distinguidos como Montes de Oca» [13].

De iluso distinguido nada tenía el ex ministro de Marina. Es lástima y grande que investigador de tanto saber como Montesinos, no repasara las fuentes, las principales, Pirala por ejemplo, para conocer la tenacidad, cuidado y discreción que puso Montes de Oca para obtener el pasaporte que le permitiera llegar a Vitoria. Por este camino habría averiguado algo sumamente conocido, que la logística del pronunciamiento preparado por O'Donnell, era excelente,

que Clarín, hizo una recensión menos superficial. (Domingo, 6 de mayo de 1900.)

[12] José F. Montesinos: *Galdós.* Madrid, 1972, T. III, pág. 43.
[13] *Op. cit.,* pág. 73.

los conjurados muchos y que el propio Espartero se creyó perdido durante casi un día sin atreverse a responder. O'Donnell, el responsable militar de la operación no era ningún paranoico. El fracaso en Palacio estropeó el plan y en Palacio fracasaron los hombres porque triunfaron los respetos; nadie se atrevió a ir demasiado lejos temiendo dañar a las Infantas.

La falsa perspectiva de Montesinos es tanto más sorprendente en cuanto se percató de «que Galdós estaba mejor enterado que muchos eruditos de su tiempo» [14].

Vázquez de Arjona, infatigable cotejador de los Episodios con la historia, había demostrado, ocupando muchas páginas de la *Revue hispanique* para ello, que Galdós ponía una documentación y conocimientos históricos excepcionales para construir la urdimbre de los *Episodios* desde la primera a la última serie.

Las críticas, casi siempre críticas superficiales de los *Episodios,* se han encarnizado con el titulado *Cádiz* sin razón suficiente en lo que atañe al conocimiento histórico de la época y de los personajes. El *Diccionario crítico burlesco,* de don José Bartolomé Gallardo, libro sólo conocido de los eruditos en el tiempo en que Galdós escribía *Cádiz,* dio a don Benito párrafos textuales para definir las ideas que tenían los legisladores gaditanos por inexcusables.

El esfuerzo permanente de Galdós para diferenciar con cuidado en los relatos históricos, su pensamiento del de sus personajes, exigía mucha documentación, pues de lo contrario la barrera se hubiese borrado con frecuencia. A don Benito le gustaba estar por encima de la historia como un observador y para eso tenía que esforzarse por conocer bien lo que observaba. Esta tendencia la lleva Galdós a los dramas históricos, como en *Santa Juana de Castilla.* Tanto afinó en cuanto a fuentes se refiere, que, recordémoslo, ha costado no poco con la ayuda, en cierto modo, de la casualidad, descubrir el raro libro inglés que fue la principal fuente.

---

[14] *Op. cit.,* pág. 102.

Ha dicho con muchísima razón el profesor Casalduero que «en sus últimos años el novelista abandona la historia para entregarse a la mitología, manera de liberarse de la sujeción temporal y poder penetrar el sentido de los hechos» [15].

Esto es muy cierto, pero no lo es menos que la tendencia a mitologizar es clarísima en la obra de Galdós, prácticamente desde el comienzo de su actividad de novelista. Del símbolo al mito hay en ocasiones sólo un paso. Muéstrase esta tendencia en la inclinación a escoger, a veces a construir, el hombre-idea. El hombre idea tiende a ser por impulso de su propia condición un ser mítico, o lo que es lo mismo, que adquiera ante los demás el carácter de modelo y ejemplo con alguna connotación de intemporalidad [16].

Quien con más hondura ha desarrollado la idea del hombre-idea ha sido Mijail Bajtin, en el libro, inteligente e innovador, *Problemas de la poética de Dostoievski*. Explica muy bien Bajtin que abundan en la obra del escritor ruso personajes que se entregan totalmente a una idea que se apodera de ellos. No se trata de que tengan una idea fija, según la vieja terminología francesa, sino de la asunción de la idea como si ésta hubiera encarnado en ellos. El hombre idea más que vivir su vida, vive la idea que de sí mismo le impone la idea a la que se entrega; se ve a sí mismo como la idea en acción.

---

[15] JOAQUÍN CASALDUERO: *Vida y obra de Galdós (1843-1920)*, Madrid, 1961, pág. 188.

[16] Galdós no conocía, así me parece, el folleto, hoy muy raro, que constituía la entrega novena de los apéndices a la *Colección de Causas formadas a consecuencia de la sedición militar que tuvo lugar en esta corte en la noche del 7 de Octubre de 1841*. La entrega novena contiene «Apuntes sobre los últimos momentos de don Manuel Montes de Oca». Estos apuntes, que son muy escuetos y se limitan prácticamente a reproducir el informe que el jefe político envió al ministro de Gobernación, acaban con el siguiente párrafo, que coincide plenamente con la interpretación de Galdós, considerando a Montes de Oca hombre-idea: «Su valor, tanto en los primeros como en los últimos momentos fue admirable, y a todos asombró su semblante siempre risueño y con cierta expresión fina y llena de alma.» (Debo la noticia de este folleto al eruditísimo y bondadoso Secretario perpetuo de la Real Academia de la Historia, don Dalmiro de la Bálgoma y Díaz-Valera.)

Galdós se aproxima poquísimas veces a la capacidad y método introspectivo de *Dostoievski;* pues también utiliza los sueños y el soliloquio. La distancia con el creador de Raskolnikov se explica y mide entre otras razones, por la intromisión, impensada y con frecuencia molesta, del humor en el relato, o interrumpiendo el relato, en los estados de conciencia del hombre-idea en las descripciones que de él hace Galdós [17].

Por otra parte, el hombre-idea que don Benito describe, no suele perder el contacto con la realidad exterior a la idea. Se trata de personas que tienen su finalidad en el mundo y la persiguen ayudándose de buenos criterios y una voluntad poderosa. La condición que mejor define al hombre-idea en Galdós, es la *generosidad.* Para don Benito, así al menos parece, las ideas sólo podrán embriagar a los hombres generosos. De la generosidad de don Manuel Montes de Oca en cuanto persona, quedan bastantes ejemplos.

Quizá haya, para concluir este estudio, que poner algún ejemplo de error en el Episodio *Montes de Oca,* por carecer Galdós de fuente veraz e indicar, también con un ejemplo concreto, los hechos importantes que don Benito omitió, en obsequio de hacer del infortunado marino modelo de improvisación romántica.

Tenía don Benito en su biblioteca la obra de don José Segundo Flórez, *Espartero: Historia de su vida militar y política y de los grandes sucesos contemporáneos* [18]. Esta obra la conocía bien Galdós, que la había manejado con asiduidad. No le podía, por consiguiente, pasar inadvertido lo

---

[17] Este humor, del que ya he hablado, lo califica Madeleine de Gogorza Fletcher de «a swiftean malice», V. M. DE GOGORZA FLETCHER: «Galdós, *Episodios Nacionales.* Series I and II: on the intrinsic-extrinsic nature of the historical Genre», *Anales Galdosianos,* XI, 1976, University of Texas, pág. 108.

[18] En Madrid, 4 tomos, 1843-1845. Lo que comento en el texto, en las páginas 242-243 del tomo IV. La obra de don José Segundo Flórez aparece con otras del mismo tiempo que Galdós consultó en el catálogo de su biblioteca publicado por CH. BERKOWITZ, pero las fuentes indubitables y permanentes —Bermejo y Pirala— no están. El catálogo de la Biblioteca de Galdós es meramente indicativo, salvo casos excepcionales.

que cuenta el autor con mucho pormenor y que también relatan, con menos detenimiento, Bermejo y Pirala.

El ministro de la Gobernación, don Pedro Infante, noticioso de que en casa de Montes de Oca se hacían reuniones clandestinas, llamó al ex ministro y le dijo que interrumpiera tales reuniones, a las que asistían el general León con otras personas de cuenta. Añadió Infante que a un caballero bastábale este aviso amistoso.

«Eran los últimos días de septiembre cuando esto pasaba. En la noche siguiente a aquél en que Infante había dado el aviso, saliendo este ministro de su casa, acompañado de un amigo, advirtió que le llamaban. Detúvose un instante y no tardó en advertir que quien le distraía la atención era Montes de Oca. Quedaron solos el ministro y el conspirador, y no queriendo éste entrar en la casa que aquél le ofreció, trasladáronse a la inmediata plaza de Oriente, donde dieron algunos paseos, durante los cuales decía Montes a Infante, apretándole la mano, éstas o muy semejantes palabras: "Agradezco a usted infinito la advertencia que me ha hecho, y no dude que procuraré aprovecharla; pero ruego a usted que no lo sepa nadie, porque no ignora lo intolerantes que son los partidos." "Nada de lo que entre nosotros ha pasado llegará a conocimiento de persona alguna, ni aun de mis colegas siquiera", contestó Infante. "Pues bien: como prueba de mis deseos (añadió Montes de Oca) de no mezclarme en cosas políticas, ruego a usted que haga se me dé un pasaporte por el ministro de Marina para salir de Madrid." "Así lo haré (dijo el de Gobernación), véase usted con el general Camba pasado mañana." Y terminada la entrevista, despidióse Montes de Oca de Infante diciendo con ahínco: "Pocas personas habrá que estimen al Regente más que yo".»

Continúa relatando Flórez cómo el ex ministro de Marina pidió el pasaporte para El Escorial, cómo regresó pronto para volverlo a pedirlo con destino a Burgos, transcribiendo conversaciones en las que Montes de Oca, en cuya caballerosidad confiaban los ministros, daba seguridades de no conspirar.

Algo semejante ocurría, según Flórez, con don Pedro Egaña, al que la provincia de Alava había designado para estar en la junta que había de discutir la cuestión de los fueros. También engañó al Gobierno, para preparar la conspiración.

Es incuestionable, así al menos parece, que don Benito conocía este relato, pues se había ocupado con detenimiento de la insurrección y en concreto de la vida de Espartero, sin embargo prefirió omitir todo cuanto se refiriese a la destreza de Montes de Oca para engañar o disimular [19].

Don Benito, quizá por el temor de no dar con la verdad, prefirió mantenerse en la línea del «hombre de una vez», que es serio, racional, templado, que no engaña; pero que se deja poseer por una idea hasta dar la vida por ella, con lo que se evitaba el modelo del romántico loco lo mismo que el del intrigante con afán de poder.

El proceso de creación de Pérez Galdós, en cuanto a los personajes históricos toca, no se aparta de las fuentes, sobre todo en lo que corresponde a la selección de datos, para interpretar la personalidad que da sentido a la persona. La personalidad esencial de Montes de Oca era la que don Benito descubrió y al aportar los pormenores, ciertos, pero que velaban esa personalidad, contribuyó a que viéramos mejor, sin falsificar la realidad histórica.

Quédame mencionar lo ocurrido con el aspecto físico de Montes de Oca, respecto del cual don Benito no dice nada concreto. Es un caso admirable de cautela y respeto a los hechos. Galdós no consiguió ver el retrato de Montes de Oca joven que estaba y está, según me dicen, en la casa de la familia en Medina Sidonia. Tampoco una copia de 1858 que mandaron hacer las autoridades para el ministerio de Marina, y que está ahora en el Museo Naval de Madrid.

Según se colige por el retrato, yo he visto la copia, no

---

[19] En el libro de Segundo Flórez, hay un intento de acabar con la mitificación de Montes de Oca, a quien ataca con saña. V. páginas 354 y sigs.

el original, Montes de Oca era de pelo negro, muy negro y ojos oscuros. Galdós da a entender que era rubio.

«Con paso resuelto avanzó hacia la casa y al aproximarse al portal, casi estuvo a punto de chocar con dos bultos que salían... un hombre y una mujer. Esta era Rafaela, la vio cara a cara: no podía dudar de lo que veía. Y como en aquel súbito encuentro, obra de un instante, aplicara toda su atención a la hembra, no pudo distinguir la persona del hombre, que al verse sorprendido se embozó hasta la nariz. No obstante, en rápida visión que Ibero pudo comparar a la fugaz claridad del relámpago, se le manifestó un semblante hermoso, un bigote rubio..., nada más. Quedó en su retina la vaga impresión de un rostro conocido; mas ni en aquel instante, ni en los que sucedieron al encuentro, pudo discernir quién era» [20].

En las últimas páginas, cuando más se aproxima Galdós a la personalidad física de Montes de Oca, se abstuvo de hacer alusión alguna concreta al pelo, el color de la cara o alguna particularidad del cuerpo. No insistió en que era rubio. Al contrario, sin que pueda decirse por qué, el relato transmite la impresión de moreno.

La asombrosa fidelidad de Galdós a la persona para construir el personaje, excede a las categorías históricas y literarias. En el caso de Montes de Oca, para hablar de lo que mejor sé, hay un remoto intento de justificación insconsciente desde que las horas de capilla comienzan.

Galdós conserva la distancia profesional del escritor respecto del personaje, pero una parte de sí mismo, oscura y silenciada, tiende a unirse con don Manuel que reza sosegadamente el credo, con las manos metidas en los bolsillos del abrigo, mientras espera la muerte.

A veces Galdós nos sorprende con afirmaciones que son difíciles, casi imposibles, de verificar. Tal ocurre en el Episodio, cronológicamente anterior a *Montes de Oca,* en el

---

[20] *Montes de Oca.* Ed. cit., pág. 197.

que don Benito hace decir a don Andrés Borrego: «Mi patrocinado es aquel joven que usted mismo ha elogiado con tanta justicia por su actividad, por su inteligencia en la Secretaría de Marina.

»Montes de Oca, sí... excelente sujeto. Tendría yo mucho gusto en traerle al Estamento... Pero no soy yo quien elige: es el pueblo. Vea usted a los gaditanos: entiéndase con Istúriz, que, por lo visto, no se para en barras» [21].

No he podido comprobar este hecho. Galdós lo escribió cuando acumulaba personajes en *Mendizábal* para sumar mayor material histórico y disponer de muchas posibilidades en sucesivos Episodios. Quizá, yo me inclino a admitir que es así, tenía in mente a Montes de Oca para hacer de su vida el centro de un Episodio, en el que expusiese el arquetipo del político-poeta. Sea como fuere el hecho, como tantos otros que Galdós saca a luz, queda colgando de la duda de si es historia o es ficción.

Pero en esta duda es lo presumible que no sea ficción.

[21] *Mendizábal*. Madrid, 1898, pág. 124.